鼓浪屿

KULANGSU

/文化振兴发展构想/

CULTURAL REVITALIZING OF THE DEVELOPMENT OF IDEAS

主编：吴美纯
WU MEICHUN（Ed.）

中国美术学院出版社
CHINA ACADEMY OF ART PRESS

鼓浪屿

KULANGSU

—文化振兴发展构想—

THE DEVELOPMENT OF IDEAS
CULTURAL REVITALIZING OF

主编：吴美纯
WU MEICHUN (Ed.)

中国美术学院出版社
CHINA ACADEMY OF ART PRESS

前言 / PREFACE

岛托邦

——写给鼓浪屿文化振兴构想

闽南厦岛海滨，潮涨水涌，浪击礁石，声若擂鼓。鼓浪屿，正是厦门岛海峡之间的小岛石屿。海潮滔滔，鼓浪阵阵，近世以来，浪涛尤烈，从中既可听到土屿石岩的本色音响，又分明交织着近潮远浪的鼓响之声。

上世纪80年代初的一个盛夏，我背着画箱，在鼓浪屿写生旬日。那时的屿岛，还带着某种“文化大革命”的萧瑟。教堂的大穹顶下是小工厂的车间，巴洛克建筑的长廊集结“七十二家房客”纷杂的集体厨房。但即便如此，这里的万国屋

宇风格，这里郁葱生长的热带植物，仍让我们倍感异样生机。路网密布，葱绿中露出红色穹顶，与依稀看到的西方照片一般无二。我们总是找那飘出钢琴与唱机乐声的窗下写生，以为这是鼓浪天籁。整个岛全在浪涛与乐声中摇着，晚霞夕照，清风朗月。

鼓浪石屿，曾经是渺无人迹的孤岛，宋末元初始为避风之渔家厝澳。郑成功曾据此演兵布阵，收复台湾，孤岛仿佛离岸的飞矢。鸦片战争后，厦门成通商口岸，西来人士择此作为居所，将不同类型的文化带入此弹丸之地，形成太平洋西岸辽阔海疆线上罕见的万国风化之所。上世纪初年，福建一带远赴东南亚的富贾迁居鼓浪屿，遂成西来南归的文化大融合，强化岛屿的异域风华。1949 年后，鼓浪屿以南国特色旅游的热地，进入了整体的公园化建设与侨商私宅性守护相兼的建造年代。在很长的年岁里，正如其四海情势一般，小岛漾溢着与陆岸迥异的风情气象。

正是这样一个孤岛，三百年来，各种文化像候鸟一样在这里栖落，既有群化的关联，却又未对周边带来侵扰。从本土的闽南妈祖文化到各色旅游机构的国字号的节候管理文化，从西洋的万国建筑到南洋富侨的异域风情，这些文化静静地叠合在一起，牢牢地渗入巨岩与热带植林的空隙中，编织成一座特别有活力的人文风情之城。很多政界纷争和兵戎之乱，都被海水阻隔，石屿似乎具有了一份天然的“岛托邦”的风韵，一种自觉自足的海市蜃楼一般的间性气息：岸与海之间、文化与文化之间、居者与游者之间，日常与梦咏之间。正是这种间性气息，让各种异质元素适得其所，并滋生弥散，构成一个可以让我们每个人用步行、用身体去丈量和把抓却又分外扑朔迷离的浮城之感。这正是鼓浪屿独有的核心文化：岛托邦文化。

十多年来，以吴美纯为首的中国美术学院研究团队不懈努力，深耕鼓浪屿的文化田园，跬积历史与现实的生活资料，对鼓浪屿的以文化振兴为突破口的岛屿复兴，进行了富有激情而又详密周全的谋划。他们努力地以日常化的感性方式，来剖开这种岛托邦文化的内核，并满怀激情地注入城邦研究的诗化之风，在那里寻找独树一帜的体验和定位。我相信本书所呈现的构想，不仅在于构想本身，更在于这种构想的语言和方式，一定给予我们关于城市建造的独特教益，一如鼓浪屿的历史及其成长的诗性。

海山有道，人文知道。

许　江

2016 年 12 月 14 日

目录 / CONTENTS

前言

项目简述

014 第一章

“这座岛屿在我们看来是怎样的？”
鼓浪屿概况

072 第二章

“从文化角度看这座岛屿在今天的主要问题是什么？”
鼓浪屿现状与文化核心问题

鼓浪屿

/文化振兴发展构想/

鼓浪屿文化振兴规划项目简述

在鼓浪屿文化振兴的大背景下，我们一直对鼓浪屿以及闽台文化自身的历史语境与文化成就抱有高度的重视与研究态度，怎样使当地的历史人文、文化艺术自觉同时拥有一个明朗的国际化的未来是我们关心之所在。2009年，在厦门市政府的委托下，中国美术学院开始了对鼓浪屿历史文化环境的全面调研与文化艺术策划，完成了五次重要汇报，通过了近百次的针对鼓浪屿发展定位和策略的会议访谈与实地调研，形成了五部成果汇报，七部资料汇编。自接受厦门市发展和改革委员会的委托至今，在这段并不算短的工作期间，我们得到了厦门市政府的认可与相关部门的支持，以实际工作建立并加深着与这座岛屿的紧密关系。于今，这集中体现在工作的策划、沟通与开展中，于未来，这更加赋予了鼓浪屿新的可能与生机。

定位与目标

1. 鼓浪屿的现今发展难题

今天的鼓浪屿，一方面，面对基础设施建设的滞后，超负荷的游客承载现状，社区精神被商业性吞噬，以及上述种种所带来的遗产保护的巨大负担，文化振兴形势严峻、迫在眉睫。另一方面，鼓浪屿仍然具备文化振兴的可能性优势，其较为完备的社区结构，使其尚具文化造血的功能，这一血液循环系统为鼓浪屿的人文历史、遗产保护、文化产业与旅游经济的有效推进创造了内在层面的良性循环基础。

2. 鼓浪屿的历史文化特征

在长期的综合性调研基础上，经过深度的举证分析，我们对鼓浪屿的已有文化特征进行了归纳，进而提出鼓浪屿发展所需的新模式。

国际性：在历史维度上，不同历史情境的拼贴挤压，使鼓浪屿在不同的文化区域都扮演了至关重要的角色，总体呈现了高度国际化的传统。鼓浪屿处在岛、城、湾、峡、洋关系的交织演变中，在闽南文化、海峡两岸交流、南洋文化和西洋东渐过程中都具有特殊地位。

城邦性：在区域维度上，在不同历史发展阶段，鼓浪屿承担着不同区域的重要角色：岛—城—湾—峡—洋。相比历史上天津、大连、青岛、上海租界如今的现代化形态，鼓浪屿依然保持接近当初原貌的城邦型建筑肌理和生活状态。封闭与开放的城邦性，空间形式的多样性及生活样态的复杂性，使鼓浪屿的历史文化与城市建设完美结合。

艺术性：在文化维度上，中外文化交流并存，形成了高度浓缩的多元文化内涵以及典雅的艺术气质。鼓浪屿的艺术不仅仅体现在它的音乐成就上，还体现在它是一种混合了文化与生活的复合表现形式。历史上，不管幼儿园、图书馆、体育场、音乐会、园林等都体现出这种内涵。

游居性：在产业维度上，历史上丰富多元的产业结构，客居原动力带来对外来人群的开放与包容，华侨建设的社区凝聚力使地方精神凸显，领事、传教士等外国人客居至此，造就了东西方文明交融的独特背景，使鼓浪屿成为重要的经济、文化转运地和辐射地。加之鼓浪屿有大量华侨回归定居，造就了其独一无二的慢生活、雅文化，使这座岛可居可游。

独立性：在物质维度上，自然生长的城市形态清晰而独特，百年来的城邦格局和对岸厦门形成强烈对比，空间物质形态遗存较为完善。

探索性：在政策维度上，历史上的鼓浪屿呈现着不断开放和包容的力量。

诗意性：在传播维度上，积累至今的传播形象呈现着一个诗意而人文的鼓浪屿。

3. 鼓浪屿发展所需的新模式

尽管我们对鼓浪屿的现状已进行过多角度综合性调研，然而，鼓浪屿文化振兴规划的关注点却不停滞于此，鼓浪屿文化振兴规划，重点强调“流变”，即演进的可能性。文化规划不是立足在分割的观点上，现状和历史不能强行分开，对于鼓浪屿，尤其如此。带着思考的意识去回顾历史，就会发现：鼓浪屿历史演进中的每个阶段都包含各自的不同问题、不同时空，以及每个时空之间的比对。同样，每个时代的鼓浪屿也具备不同层面的先锋性，这集中地体现在：历史维度的国际性，区域维度的城邦性，物质维度的独立性，文化维度的艺术性，产业维度的游居性，政策维度的探索性，传播维度的诗意性。只是这些或多或少地被不同程度地遮蔽了。我们需要审视鼓浪屿历史的框架，寻找鼓浪屿发展的新模式，实现鼓浪屿的文化振兴。

从岛屿的思想灵魂来看，每个岛屿都有自己的灵魂，这是其自身生发性与可能性的源泉。鼓浪屿在历史之初就呈现的出多样性与复合模式：山海共在、华洋共荣、雅俗共生、虚实共存，时至今日，这已然成为一种生活态度——与同样具有开放性、多样性与可能性的艺术的生活理念相互衔接。鼓浪屿在历史的进程中呈现出的内在气息：高端、舒适、雅居，这已然成为孕育文化的优良土壤——与同样具有思想性与包容性的艺术的生活方式相互生发。今天的鼓浪屿，艺术，就是它的灵魂。

从岛屿的人员主体来看，“客居者”一直存在。鼓浪屿的蓬勃发展，也是由于一批批华侨和各界有识之士对鼓浪屿建设的积极参与与贡献，才建立了相对稳定的机制与环境，以及逐步建立起的基础设施与硬件系统等等。对以往“客居者”的历史尊重，对现有“客居者”的正确引导，对未来“客居者”的品质吸引，这三点得到程度适当的规划，作为鼓浪屿内在主体的“人”才会得到良性循环，为鼓浪屿在新时代下的发展创造出可以记入史册的人文价值与历史贡献。今天的鼓浪屿，品质，成就它的人文。

综上所述，在艺术与高品质的内在要求下，鼓浪屿将迎来其发展的新模式——“国际人文艺术之岛”——这一融合了岛屿灵魂与人员主体的历史选择。艺术，将以其特有的感召力唤醒鼓浪屿的文化自觉，构建鼓浪屿的文化生态，迎来真正意义上的文化振兴。

策略

针对鼓浪屿文化振兴规划的定位与目标，我们从整体层面上提出五大策略。

一、人流空间的复合疏解策略：解决鼓浪屿人流空间的矛盾与不平衡，通过岛内分流、岛城联动实现旅游人流的平衡分布，结合多码头多航线组合，形成有效的人流控制机制。

二、文化传统的内涵提升策略：历史文脉的延续与提升；以国际文化机构入驻为高点、以艺术社区构建为基点、全岛核心点历史活化为配合，实现文化整体提升。

三、文化创意的产业培育策略：营造文化艺术生活延展的多元复合。

四、文化遗产的环境保护策略：回应文化遗产和环境营造的有机更新。

五、文化活动的活态促进策略：链接百业，整体带动营造文化活动的丰富性与多样性。

工作历程与阶段成果

自2009年底至2013年初，在中国美术学院院长许江、副院长宋建明的带领下，学院各学科带头人及院系师生陆续来到鼓浪屿，进行实地考察调研，鼓浪屿文化振兴规划工作全面展开。

1. 工作阶段

工作具体分为四个阶段：第一阶段为调研工作阶段，对历史文化环境进行全面梳理；第二阶段为初期工作阶段，对发展定位与发展策略进行探讨；第三阶段为中期工作阶段，展开关于发展策略的系统工作；第四阶段为战略性项目工作阶段，针对战略性项目进行专项深化。

2. 五次重要汇报

在2010年的初期汇报上，美院方简要汇报了基础分析工作，提出鼓浪屿大致的发展策略，厦门方就政策、教育、旅游三方面问题提出交换意见。同年末的战略性汇报，美院方提出鼓浪屿的定位，汇报文化振兴具体的策略计划，厦门方代表作出交换意见，双方对研究院问题进行了深入讨论。次年进行中期汇报，重点围绕实施策略汇报、鼓浪屿城市色彩规划汇报、鼓浪屿文化艺术研究院的职能和课题展开。2012 年的后期汇报中，美院方就鼓浪屿文化振兴规划课题，向厦门市各级领导做了详尽的汇报。涵盖工作总结、定位分析、规划策略、实施计划、课题专项共五大版块问题。2013 年 11 月，鼓浪屿文化振兴规划迎来终期汇报，得到了厦门各级领导的广泛好评。

3. 阶段主要成果

除五次重要汇报外，美院方专家和厦门市领导举行了各种沟通专项问题的小型会议，以及近百次针对鼓浪屿文化规划的会议访谈和实地调研活动，主要针对鼓浪屿管理部门、社会团体、学者专家、居民等。

完成《鼓浪屿基础资料汇编》《鼓浪屿规划策划资料汇编》《鼓浪屿环境资源索引体系》《鼓浪屿地方现象基础研究》《鼓浪屿动态数据库》《鼓浪屿历史时空轴》《厦门文化生态调研》等七部资料汇编。形成鼓浪屿文化振兴规划的《纲要汇编》《文化艺术发展目标定位研究》《文化发展策略及空间规划》《城市建筑色彩风貌研究与规划》《战略性项目规划》等五部成果汇报。

中国美术学院对鼓浪屿进行社会实践工作，针对鼓浪屿社区、业态、文化遗产等方面做出大量调研和互动工作，积累了重要的调研资料，为鼓浪屿文化振兴规划打下坚实基础，先后完成“鼓浪屿的表情”展览、“影像鼓浪屿”艺术调研创作、“鼓浪屿家庭影集调查”展览、“无墙的学院”全岛教学计划、“幼长之辩”儿童问题专项艺术互动活动、“拓印鼓浪屿”实地教学活动、“庙口文化与市井生活”纪录片、“鼓浪屿综合社会实践”、“鼓浪屿人文讲座活动”、“鼓浪屿开放工作室活动”等艺术行动。

结语

本书基于中国美术学院鼓浪屿文化振兴项目工作组在2009年至2013年间的调研与策划成果，经后期补充编辑而成。全书将鼓浪屿文化振兴发展作为一个整体系统，梳理鼓浪屿概况，指出其现状、文化核心问题及文化发展定位，提出鼓浪屿文化振兴发展的构想。相信以中国美术学院的学术研究实力、艺术实践能力、文化创造生产力，以及在文化艺术领域毋庸置疑的号召力与影响力，必能联合学院在国内外诸多的战略合作机构，一同为鼓浪屿文化振兴谱写新的辉煌。

中国美术学院
鼓浪屿文化振兴项目工作组

组长：许江 宋建明

负责人：吴美纯

核心成员：俞坚 李凯生 曹晓阳 余伟忠

驻地工作人员：包茜 曹澍 杜震

1

第一章

“这座岛屿在我们看来是怎样的？”
鼓浪屿概况

第一节　带着动态历史观开始

要从历史人文的角度去领会一片地域，我们所要做的诸多，尤其是详细认知它所经历的那些年代，努力认识到它与我们之间的距离等等，因为对于已逝去的时光所夹带的陌生感与距离感，恰恰在我们相信这些的存在时，才能真正开启浸入，向着根植于那些时光的人文情怀，向着更深层面被唤起的共鸣。对于这片地域，我们希望有一些能符合其自身历史与生发性的构想，这个构想将从语词、实践与梦想的相互关系中取得意义与精确性。我们也深知需要为此付出的格外的努力，对这座岛屿的认知和理解就首先包含于其中。

于是，我们带着动态历史观来解读这片有着浓郁历史色彩的地域。动态历史观是利用历史素材，建立系统性的历史视野，以不同的角度呈现新视野及分析当下发生的事情，它关注的不仅仅是局限在历史时间轴中的一个固定的时间点或问题，也有历史不断演变的过程中所发生的现象、结果以及变化的根源，它能提示我们以全面的角度去了解和诠释历史事件中发生的问题，这有利于将鼓浪屿与其它地域具有的普遍性以及其存在的特殊问题区分开来，并移除不必要的假象问题。将过去作为历史流变中的一部分来解读和思考，是用开放的视角来面对当下的问题，注重问题之间的交织关联，站在更广阔的时空交集下，对鼓浪屿的未来做有机的历史文化延伸，毕竟，历史总是存在于现实之中。

一、独立关联的资料管理

面对鼓浪屿已有的大量历史研究资料，即使是资料管理方式也成为了资料研究的重要基础。站在动态历史观的视野下，我们对文本资料收集整理，并以田野调查、问卷调查、网络搜索等多种方式对鼓浪屿的历史问题及社会现状进行采集研究，通过民众眼中的鼓浪屿、政府眼中的鼓浪屿、数据中的鼓浪屿、图像中的鼓浪屿等角度，对鼓浪屿的面貌做出立体呈现。之后，根据对这些材料的分类整理进行汇总编辑，形成了《鼓浪屿基础资料汇编》《鼓浪屿规划策划资料汇编》《鼓浪屿动态数据库》《鼓浪屿历史时空轴》《鼓浪屿环境资源索引体系》《鼓浪屿地方现象基础研究》《厦门文化生态调研》等七部资料汇编。这七部资料汇编从不同的侧重面向鼓浪屿这一生命体聚拢，是层层搜索、逐渐递进、锁定目标的过程，在动态历史观中又建立起资料间的关联，着意避免单向度的思维，为实际的推进留下可以不断补充和完善的空间。

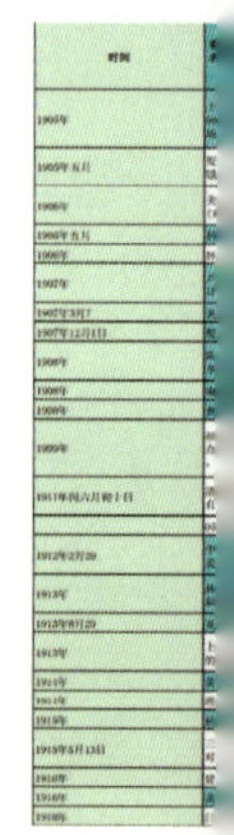

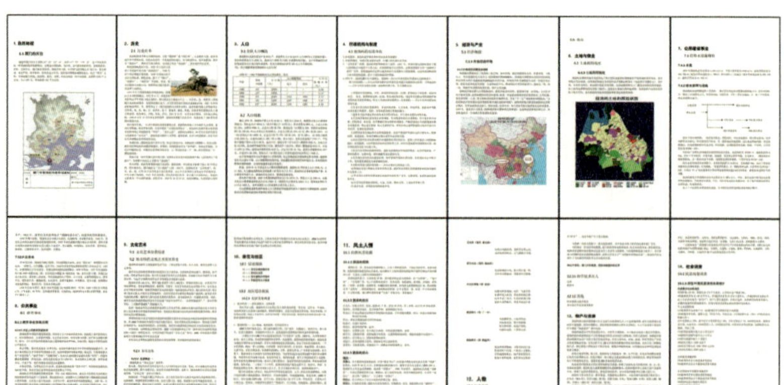

《鼓浪屿基础资料汇编》

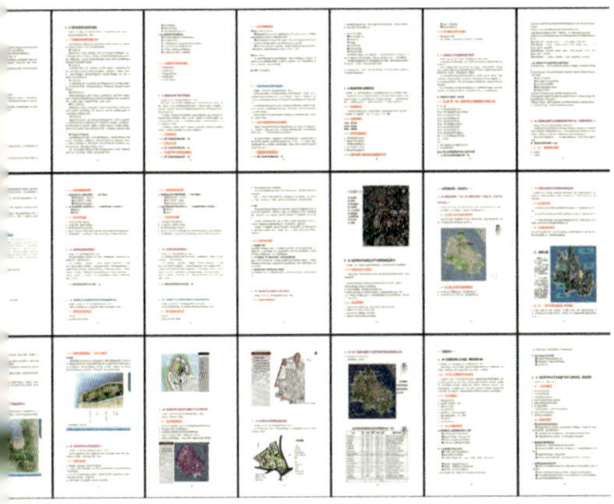

《鼓浪屿规划策划资料汇编》

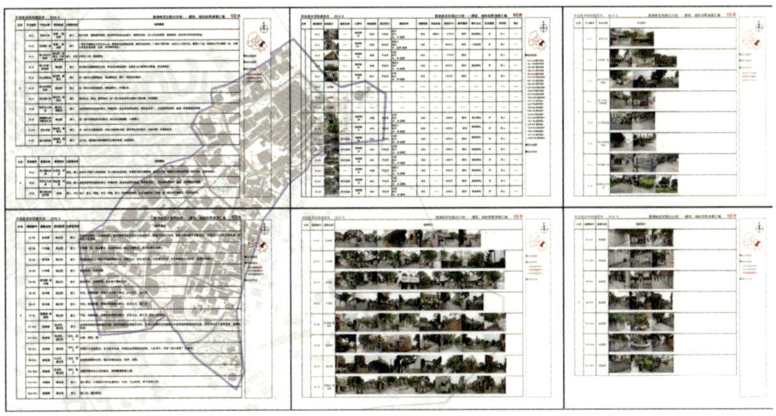

《鼓浪屿环境资源索引体系》

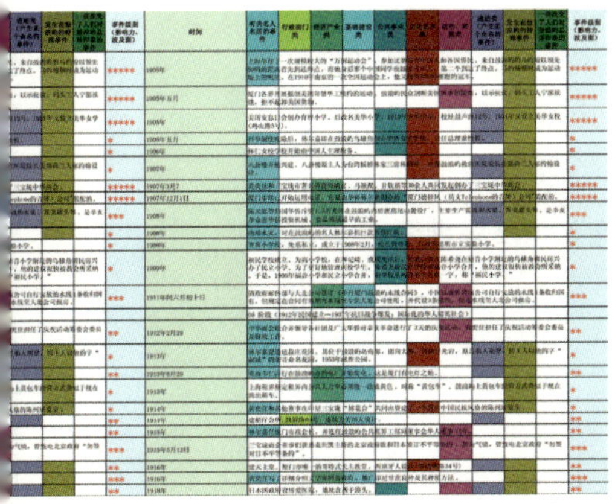

《动态数据库》

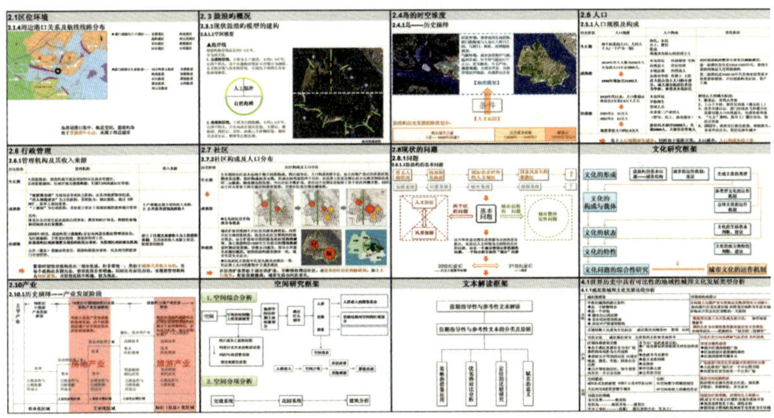

《鼓浪屿地方现象基础研究》

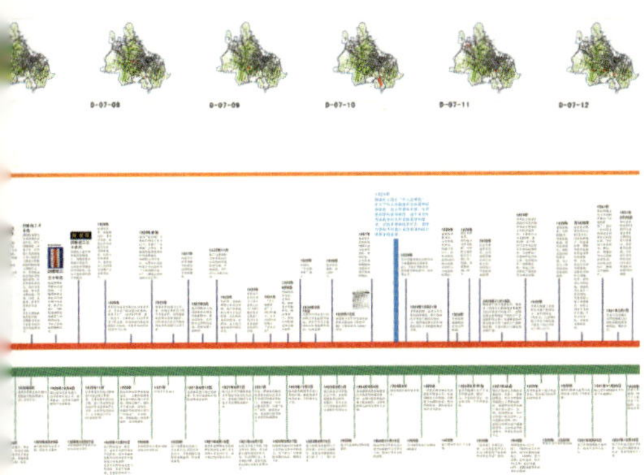

《鼓浪屿历史时空轴》

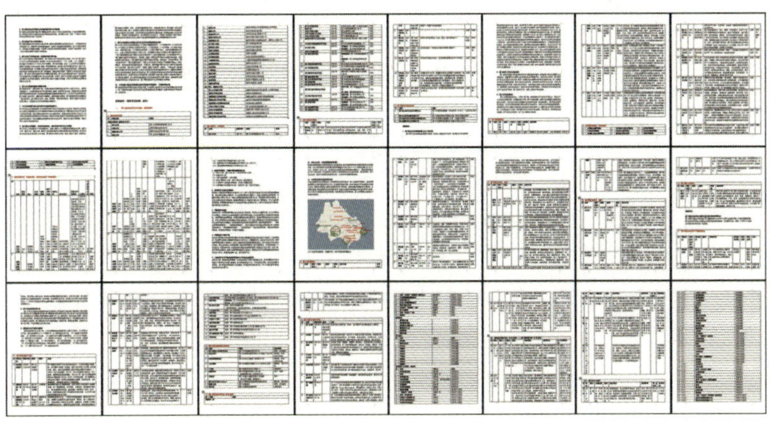

《厦门文化生态调研》

二、联动各异的七个维度

独立而关联的资料管理既包含着对鼓浪屿历史研究资料的采集、调研、分析等前期工作，也成为文化振兴发展构想的重要参考基础。基于此，我们进而梳理出历史、区域、物质、文化、产业、政策、传播等七个维度，展开了对鼓浪屿地域现象的分析工作。这七个维度各有所指并相互关联：历史维度、区域维度、物质维度的研究导向对文化维度的探寻，在探讨文化振兴的基础上，进而追问产业维度、政策维度、传播维度生效于鼓浪屿的方式以及与文化的内在关联。

历史维度从演变的角度分析了鼓浪屿的历史时间阶段划分及相应而生的空间形态的演变，梳理着鼓浪屿的历史脉络；区域维度继而整理了鼓浪屿在不同的空间区域和各种形势下承担的角色关系，鼓浪屿与外部世界之间的关系；鼓浪屿内部世界的关系则由物质维度来集中展现，聚焦于区位、气候、面积、海岸线、山体、道路、聚落社区等构成因素；这三个维度分别指向了鼓浪屿的历史机缘、区域关系、基础条件等三个构成要素。历史、区域、物质维度在文化维度中聚集互渗，又在文化维度中继续生发；

历史维度	关注历史时间阶段划分及相应而生的空间形态，聚焦于历史运行的演变	演变
区域维度	从空间角度梳理鼓浪屿在各种形势下承担的角色	视野
物质维度	从地理角度提供鼓浪屿现状中的物质形态基础	基础
文化维度	作为一个城市总体空间生活的综合人文情态，是特有的地方生存方式的自然流露	内涵
产业维度	描述鼓浪屿的运行机制，是社会经济的影响力	机制
政策维度	产生动力来源和支持	动力
传播维度	是影响力具体的生效方式，反映其形态与传媒面貌间的关系	效果

产业维度描述鼓浪屿的运作机制，作为社会经济的推动力，对文化具有实质性的支撑；政策维度是自上而下的动力来源和支持，适时而又恰当的政策规划能够激发自上而下的潜力关系；传播维度是影响力具体的生效方式，反映着传播形态与传播效果之间的差异。七个维度作为一个有机整体，相互发生着关联作用，共同反映鼓浪屿地域现象的同时，也共同构建着这个生命体。

三、多维度的动态延展

若将动态历史观比作一台多屏的电影放映机，七个维度就像是相互依存在电影放映机上的齿轮部件，共同支撑着这台电影放映机的放映运转。我们将鼓浪屿的历史发展看作是放映机投放出的电影画面，电影叙事画面被分割成多个屏幕同时播放，正如鼓浪屿的每个历史时期同时展现在我们面前，打破了单向的线性历史叙事。电影播放可进可退可暂停，可反复观看可对比观看，给出错位的观看体验。在鼓浪屿这个多维电影院中，时间被分离，空间进入时间的表述系统，鼓浪屿的当下也参与进电影的叙述，它的未来将是新一轮的电影视觉再生产。

正如 20 世纪英国哲学家伯特兰·罗素所言“一旦我们与昔日的联系中断，即使终日学习，也将无济于事”。带着动态历史观，我们展开对地域的反思和追问，以对话建立与往昔在真正意义上的“联系”。一方面，这七个维度本身是历史的运动过程，而非终结的固定状态。站在流变的历史语境中来比较分析历史、区域、物质、文化、生产、政策、传播维度在历史上的相互支撑，才能不拘泥于当下的视野，找到鼓浪屿现今的问题和未来发展构想的立足点。另一方面，在梳理各个历史维度的过程中，我们同时在从中找寻归纳这座岛屿在各维度上的特性，使得来自于这座岛屿自身系统的特质复归于自身，以期构建一个在动态中具有文化核心价值的属于这座岛屿的发展构想。

第二节　七个维度的历史概况

历史，不仅是时间流中的过往，也是人们曾经的生活。鼓浪屿的历史概况，包含着这座岛屿在漫长岁月中的生成与流变，构建与分解，更是一种对话，往昔与今天的对话。经过梳理，我们选择将这种对话放置于历史维度、区域维度、物质维度、文化维度、政策维度、产业维度、传播维度这七个维度之中展开。在这个过程中，我们的叙述在每个维度上仍各有侧重，因为在重点关注的同时也意在寻找、归纳各个维度上具有历史延续与区分性意义的文化核心价值。

一、历史维度

历史维度上关注的是鼓浪屿历史的时间阶段划分和相应而生的空间形态演变，以及时间的发展如何凝固为空间形态上的叠加。时空交叠作用下的鼓浪屿，作为一个有机体，在历史上呈现出较大的阶段特征。这种较为明显的发展阶段之间的差异，是历史机缘和区域位置在同一时间发生作用的结果。鼓浪屿因外部的强力因素作用于空间面积极为有限的岛屿，而呈现出历史作用下的断裂感，变异之处即是每个阶

段的节点。时间的变化反映在空间上，成就了它的形态，空间中的城市体系寻求构成城市的各要素间的相互关系，逐渐塑造出现在的鼓浪屿。

找寻和建立鼓浪屿的历史代表性时期与鼓浪屿现状的对比，并不意味着回到过去，而是意在寻找这座岛屿失去了什么，又建立了什么，往昔的哪些可以回溯，未来又有哪些有待构建。历史维度的时间阶段的划分，源自于社会总体状况的差异，外部因素的强力作用使这种差异的节点成为了分界点，内部所具有的相对恒定性是它成立的基础。鼓浪屿的

1870 年，英国摄影家约翰·汤姆逊拍摄的鼓浪屿全景图，也是中国摄影史上最早的鼓浪屿全景图

1 | 2 | 3

1. 1868 年鼓浪屿岩仔山脚大厝
2. 1925 年鼓浪屿—厦门全景
3. 1900 年间的鼓浪屿—厦门

1	2	3
4		5

1. 1932 年鼓浪屿上的小姐与洋女友在码头惜别
2. 20 世纪 30 年代，鼓浪屿的贵小姐乘轿上岸
3. 基督教上的丧仪上披麻裹白，中西结合
4. 1925 年间拍摄的鼓浪屿龙头路
5. 1938 年间，义务为难民学校教学的英国人老安德森与鼓浪屿难民营儿童合影

历史呈现出阶段性发展，从无人小岛发展至今，这座岛屿的历史进程可分为五大时期，进而内部细分为九个阶段，后文将详细展开。同时，鼓浪屿的历史也呈现出极具凝聚力的多元文化现象，这种多元性表现在鼓浪屿在历史文化进程中，形成了诸如闽南文化、海峡文化、南洋文化、西洋文化等多元文化。它们各自之间的交融互渗与传播，又构成了鼓浪屿历史在多元文化下的国际性，从而为这座岛屿带来了生活状态的革新与前所未有的开放度。

A
无人沙洲时期
（唐——宋）

01阶段：
无人沙洲
（618年唐朝建立——1271年元朝建立）

唐代时，鼓浪屿被命名为“沙州都”，为南安县属地；五代后鼓浪屿归属同安县；宋代以前鼓浪屿是一个水草丰茂、渺无人烟的小岛，名“圆沙洲”，又名“圆洲仔”。

B
闽南海岛渔村时期
（元——1840年鸦片战争）

02阶段：
闽南海岛渔村
（1271年元朝建立——1840年鸦片战争）

传说宋末元初，始有人迹，渐有渔民到岛的西南隅沙坡避浪，并定居下来。后李姓渔民在岛西北部建房定居，时称李厝澳，此处成为鼓浪屿最早的居民点，即今“内厝澳”街区的前身。至明代，鼓浪屿岛屿西南海滨的鼓浪石而得明。1662年郑成功据鼓浪屿，率兵收复中国台湾同时，由于鼓浪屿独特的沿海位置与海岛特性，又是得它较早便通过航海、海上贸易与海外建立了一定的接触与联系。直到鸦片战争之前，鼓浪屿是个保持中华传统文化的闽南海岛渔村。

鼓浪屿历史时间阶段

D
风景名胜旅游时期
（1949年中华人民共和国成立——2009年申报遗产）

E
申报世界文化遗产时期
（2009年至今）

04阶段：公共地界时期
（1903年工部局成立—1941年太平洋爆发）

这一阶段是鼓浪屿近代化公共社区的发展完善时期，是岛屿多元文化融合期，1910—1930年代鼓浪屿的繁荣主要来自19世纪一、二十年代中国内战中内地富人迁居鼓浪屿以及19世纪二、三十年代返乡投资建设厦门的东南亚侨资。这一时期的鼓浪屿基本形成鼓浪屿的大体格局。是鼓浪屿的黄金年代，在中西文化的碰撞与融合以及华人群体的积极参与下，鼓浪屿形成了当时中国最为完善的近代化居住社区之一。

05阶段：日据时期
（1941年太平洋战争爆发——1949年鼓浪屿解放）

太平洋战争爆发后，日本侵占鼓浪屿，实行暴力统治。鼓浪屿作为一个汇聚多元文化的多国共治公共社区历史的结束，使得大批华人、华商的出走，并带走了大批城市建设资金与设备。

06阶段：服务于社会民众的住区
（1949年中华人民共和国成立——1978年改革开放）

新中国成立后，由于社会环境的变化，岛上居住者的身份与以前有了较大变化。1955年，编制了《厦门市城市初步规划》，第一次确定鼓浪屿为风景疗养区。这个时期鼓浪屿的建设十分缓慢，开发甚少，整体的面貌基本还停留在解放初期的状态。原有的别墅洋房宅园为主的建设基本停止，而转换为以普通民众使用的住宅及生活设施的建设。建筑和用地功能的变化较大，社区功能在这个时期得到了巨大的提升，鼓浪屿逐渐变为服务于社会民众的住区。

07阶段：风景名胜旅游区
（1978年改革开放——2000年颁布了《鼓浪屿历史风貌建筑保护条例》）

1988年8月，鼓浪屿列入我国第二批国家重点风景名胜区，鼓浪屿这个时期的发展主要是围绕“风景旅游”主题来进行的。作为风景名胜区，开始了入口疏解政策。至2000年4月前鼓浪屿上原有的16家工业企业全部搬迁出岛，由于常住人口的减少，部分公共服务设施的撤离，使得鼓浪屿越来越单一化，逐渐丧失其原来身为人文社区的多层次的、多面向的、复杂的城市内涵。此时的鼓浪屿是风景旅游开发与相关建设高峰期。

08阶段：旅游与保护并重反思期
（2000年颁布了《鼓浪屿历史风貌建筑保护条例》——2009年申报遗产）

2000年通过并实施了《鼓浪屿历史风貌建筑保护条例》，由此鼓浪屿的发展进入了不同于以往单一关注风景旅游的新阶段。《鼓浪屿一万石山风景名胜区总体规划》于2002年完成，规划重点已从围绕旅游发展，转到解决风景名胜区资源保护与城市建设及发展旅游事业的相互关系上。2003年之后逐渐开始重视鼓浪屿的城区建设和对历史风貌建筑的再利用问题。在管理方面。2003年初步建立建筑审批管理制度。鼓浪屿处于旅游与保护并重反思期。

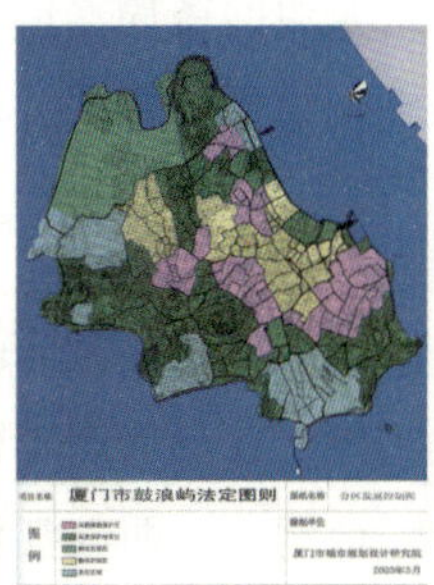

09阶段：人文回归
（2009年申报世界文化遗产至今）

2009年2月，市委市政府正式启动鼓浪屿申请世界文化遗产工作。随着“申遗”工作的不断深入，人们对于鼓浪屿的期待也会不断地提高并获得实现。但对鼓浪屿本身来说，更重要的是让管理、建设鼓浪屿的人重新审视、认识它，更全面地判断鼓浪屿未来发展的基本走向，从而取得统一的认识，即强调以人文关怀和人文回归为目标的发展认识。响应申遗的号召，全面复兴鼓浪屿，于2010年进行鼓浪屿文化振兴计划，规划将从人文的角度进一步探寻真正属于鼓浪屿的方向。

二、区域维度

区域维度是从空间的角度来探讨这座岛屿在历史发展过程中的区域角色。从鼓浪屿所处的由小到大的空间层级关系，关注这座岛屿与外部世界的互动关联和格局的形成。

岛：鼓浪屿作为岛屿，本身也是区域关系的一种，有着水域与陆地的关系。上岛需乘海上交通工具，城市形态的内核坐落在岛的中心而非边缘。由于受到“山字型”的山体影响，主要呈现出东、西两大区域的聚落形态，并以这两个聚落由中心向山体以及沿海扩展发展。

城：鼓浪屿位于厦门岛西南隅，与厦门岛之间隔鹭江相望。鼓浪屿的北面与作为厦门西通道的海沧大桥相望，西面与厦门西港以及海沧开发区相邻，南面连接厦门港，是厦门市海域内最适宜人们居住的岛屿。

湾：鼓浪屿着力于与漳州、泉州进行闽南金三角区域协调发展，形成海湾城市的格局，成为闽东南地区的中心单元，向北辐射与福州带动周边地区与省份整体互动发展从而形成更大的区域合作。

峡：鼓浪屿为了进一步促进海峡两岸在经济上建立更为紧密的关系，形成海峡西岸经济区战略。海峡西岸经济区是指台湾海峡西岸，以福建为主体，包括周边地区，南北与珠三角、长三角两个经济区衔接，东与中国台湾岛、西与江西的广大内陆腹地贯通的地域经济综合体，是一个涵盖经济、政治、文化等各领域的综合性概念。

20 世纪 20 年代在厦门岛上远眺鼓浪屿和鹭江

从鼓浪屿眺望厦门岛

洋：洋的关联指的是南洋与世界。“南洋”是明、清时期对东南亚一带的称呼，是以中国为中心的一个概念，包括马来群岛、菲律宾群岛、印度尼西亚群岛以及中南半岛沿海、马来半岛等地。东南亚各地的气候适合农作，华人节俭勤快，于是“南洋”成为有许多就业和发展机会的一个地方。在清朝和民国时期，许多华侨去东南亚谋生以及定居，被称作为“下南洋”。到南洋去谋出路，成为当时青年的一种向往，也因为出入境手续简单，南洋成为当时闽人出国的主要方向。

可以看出，鼓浪屿在不同的区域关系中演绎着不同的角色，处在岛、城、湾、峡、洋诸个层级关系的交织演变之中。鼓浪屿不同的区域关系角色，也投射出各个历史发展阶段的时代要求。丰富的区域角色也为这座岛屿带来了区域功能上的多变性，正因此，在时代发展背景下，鼓浪屿需要超越“岛”的格局再度扮演“洋”的角色，而此时的“洋”已是范围更广的与陆地相对的海洋。它甚至应被置于一个更大的区域关系之中，使它所具有的区域资源优势在发展中得到恢复和提升，而这些都建立在它的相对独立完整的岛屿空间属性上，于自身之内，与外界之间，发生着互动与建立起关联。

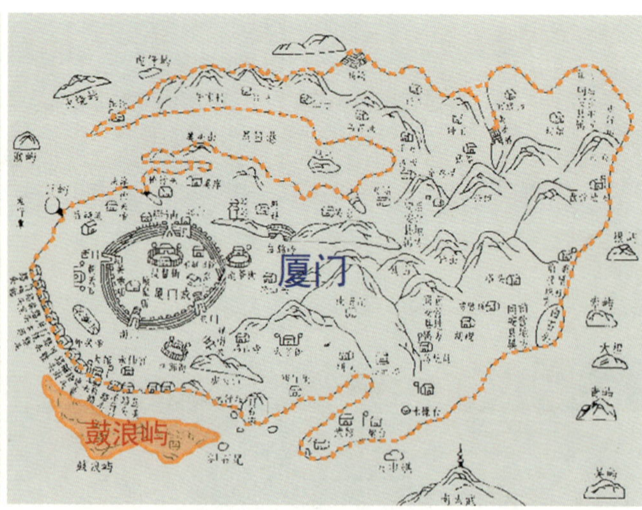

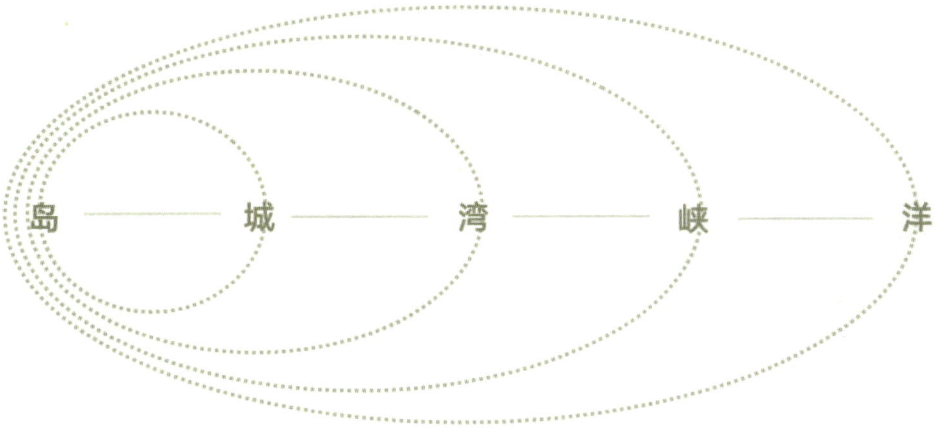

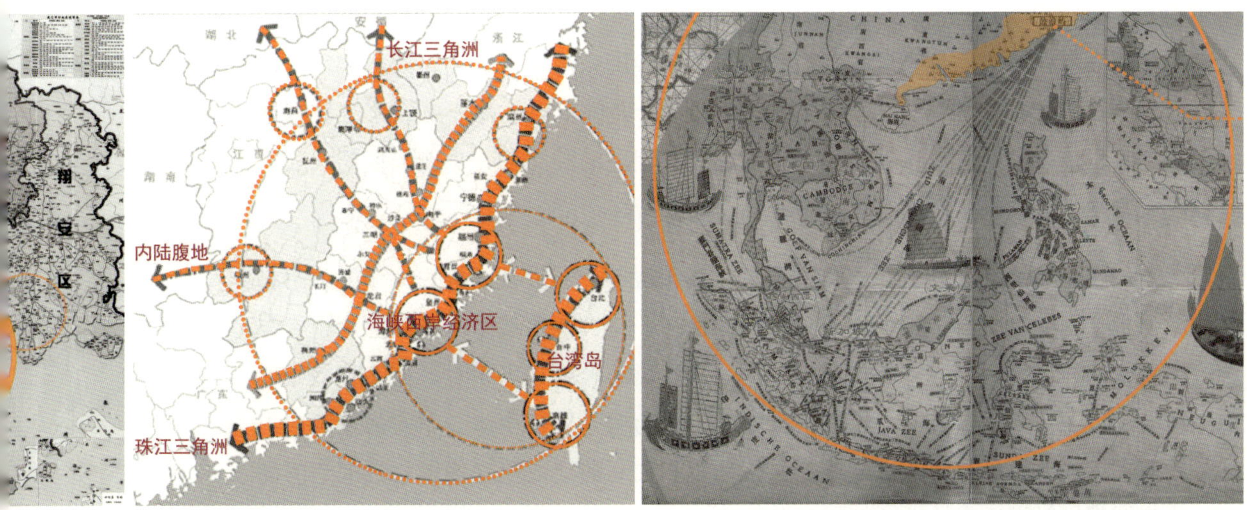

鼓浪屿所处区域层级关系→岛、城、湾、峡、洋

摄于19世纪末的鼓浪屿“鼓浪石”

三、物质维度

独特的地理维度，是鼓浪屿文化历史环境形成的基本因素，也是重要的物质条件。从区位角度来看：鼓浪屿位于厦门岛西南隅，地处我国东南沿海，岛东北部隔着五百米左右的鹭江与厦门岛相望，北与厦门西通道海沧大桥相望；西隔厦门西港与海沧开发区相临；南接厦门港。这使鼓浪屿不仅能具有相对的独立性，也能与厦门及陆内其他区域发生紧密关联，而非绝对孤立。

作为“鼓浪屿—万石山风景名胜区”的主要组成部分，鼓浪屿周边海域濒临中华白海豚保护区、文昌鱼保护区、大屿岛白鹭保护区，与大屿岛诸多海岛隔海相望，与金门列岛仅一江之隔，除此之外也与金门南太武、漳浦隆教火山相对。鼓浪屿地处厦门港海域与九龙江入海口之间的特殊地理位置，成为向外通往南海、东海海域及向内通往九龙江内河航行的交汇点。良好的生态环境和便利的交通使它能够勾连周边的岛屿，成为厦门辐射周边海域地区与国家的通道。

20 世纪 30 年代初从日光岩俯瞰升旗山一带

鼓浪屿庭院一角

鼓浪屿属亚热带海洋气候，拥有宜居条件，植被繁茂、种类众多，素有“海上花园”的美誉。这样的自然条件养成了鼓浪屿的居民热爱庭院生活、拥抱自然的性格。在不足二平方公里的岛屿面积里，浓缩了丰富多样、积极向上的城市生活样貌。

鼓浪屿海岸线总长约七点五公里。海湾、滩涂、小半岛、礁石群、峭壁带，多种形态，形成多样及独特的海岸线风光，提供环线叙事的多样性。分为两大段：北部海岸线主要为人工驳岸，长约三点九公里，有四个码头，其中北部海岸线还可再细分为两段，东北海岸线与西北海岸线，以及中部的由燕尾山及兆和山所形成的海湾区；东北海岸线为主要码头分布带；西北海岸线为

19 世纪末鼓浪屿海岸线

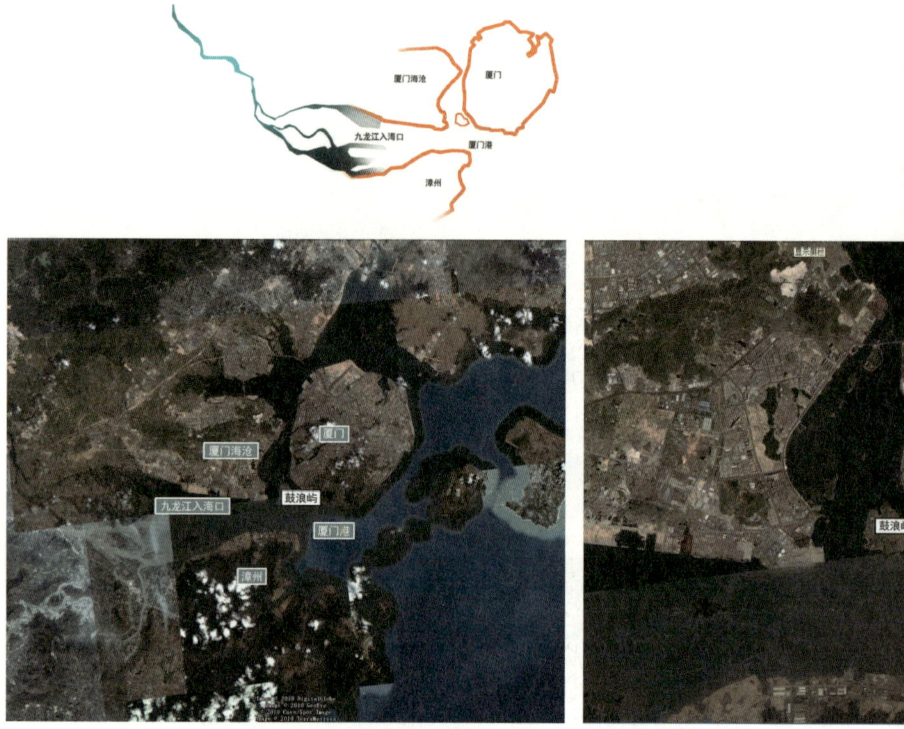

鼓浪屿物质维度示意图→
区位、气候、面积、海岸线

绿地带。 南部海岸线主要为自然海滩，长约三点六公里，有两个码头。自东向西分别是复鼎、大德记、观海园、港仔后、美华、西苑六个沙滩浴场。其间夹杂着岩石、峭壁等自然景观。 鼓浪屿两次填海，扩充了海岸线，分别为 1927 年及 1956 年后，皆集中在北部岸线（除两座山体外），形成现状的海岸线形态。所填充的海岸线连同其向内辐射的腹地，皆处于边缘状态：未明确形成自己的独特场所形态。鼓浪屿拥有丰富的岸线形态及巨大的潜力，但从总体上而言岛屿的中心过于集中在内核，海岸线周边区域亲海指数较低，场所气质处于睡眠状态，有待激活。

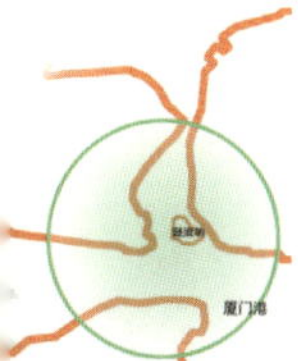

海岸线结构图

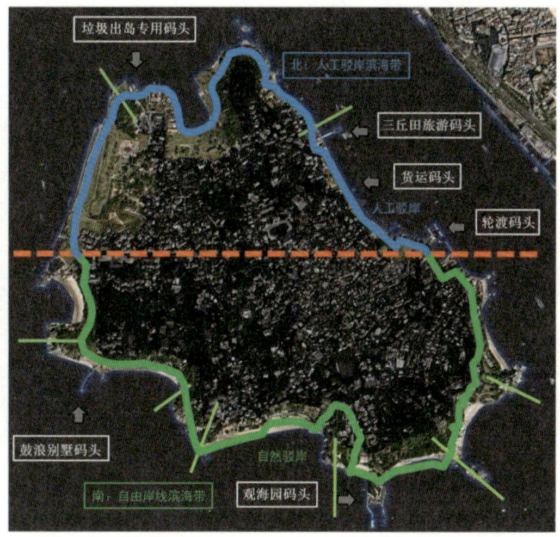

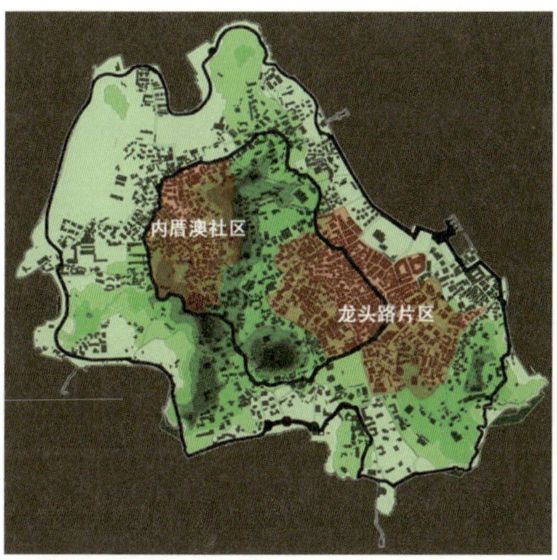

鼓浪屿聚落社区结构示意图

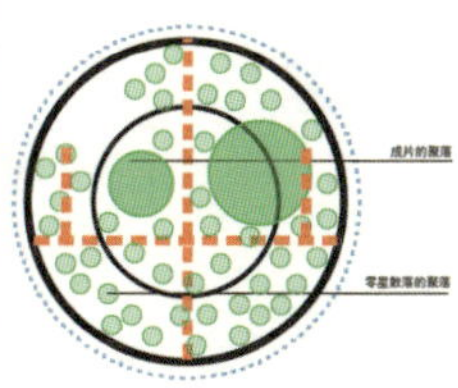
聚落社区结构图

鼓浪屿被“山字型”的山体划分为东西两大区域，这也直接造成两个区域之间的不同气质。东西两大区域，因为地貌原因各自形成聚落型社区，多为花园式别墅，具体表现为两种分布方式：一是连绵成片的集聚型聚落，如倾向城市型的龙头路片区，倾向村落型的内厝澳社区；二是零星散落的散居型聚落。由于山体、位置及形成的历史原因，鼓浪屿两大社区形成各自明确的特征，这个特征反映了形成岛屿的中西两股势力差

19 世纪 80 年代鼓浪屿三丘田一带

鼓浪屿不准机动车行驶，板车是重要的运输工具

异：中西文化、价值观的差异、审美意识以及它们的互相影响。城市扩张导致两个片区的差异越来越明显，内厝澳片区呈现村落状态，而龙头社区则呈现强烈的城市状态，这导致了现状旅游资源开发的不平衡。

属于低山丘陵地貌的鼓浪屿，在山体结构上实际与厦门一体相连，这不仅使它拥有很好的淡水资源和宜居的生活条件，同时，绵延的山势也造就了鼓浪屿特色的蜿蜒的道路形态。因为山体地势的影响，鼓浪屿的道路网呈现出一种自然生长的特征，坡度较大，台阶众多。鼓浪屿在19世纪末20世纪初基本形成了现在的道路为“同心圆”内外环的结构。这个架构将岛屿分割成内外三层，中心层包围了龙头山、鸡母山及笔架山三座山体，夹心层分别囊括了周边的四座山体，外表层为蜿蜒曲折的海岸线。次级道路沿两环不断生长并表现出不同的密集程度。鼓浪屿交通方式以步行为主，称为“步行岛”，大部分道路较窄，宽度在二到六米之间。这种起伏弯曲的巷道造成鼓浪屿迷宫般的街道特色，加之步行的行走方式，使得鼓浪屿在城市意义上具有更具区分性的独特价值。

鼓浪屿道路坡度较大，台阶众多

鼓浪屿的山洞

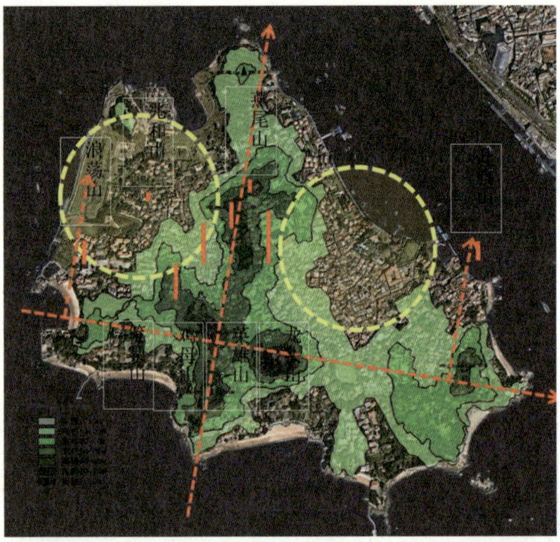

山体结构图

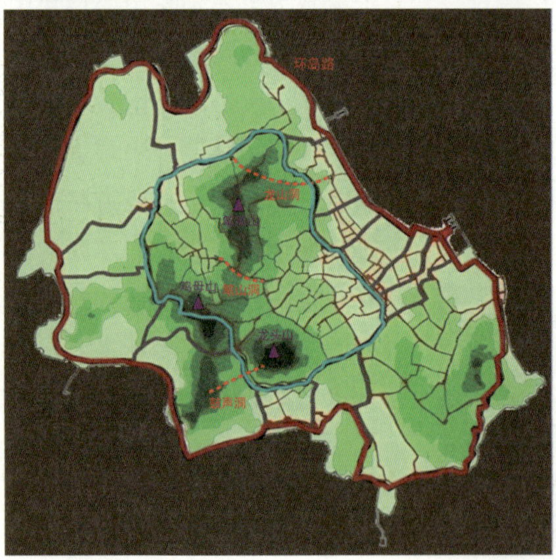

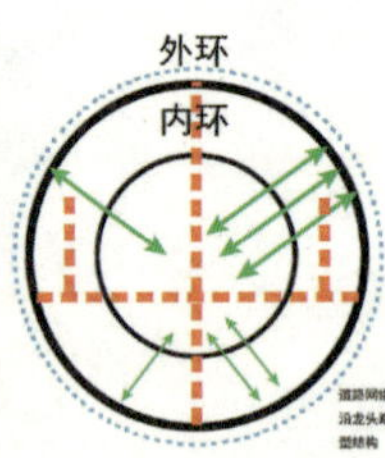

道路结构图

从上至下↓
鼓浪屿山体结构示意图
鼓浪屿道路结构示意图

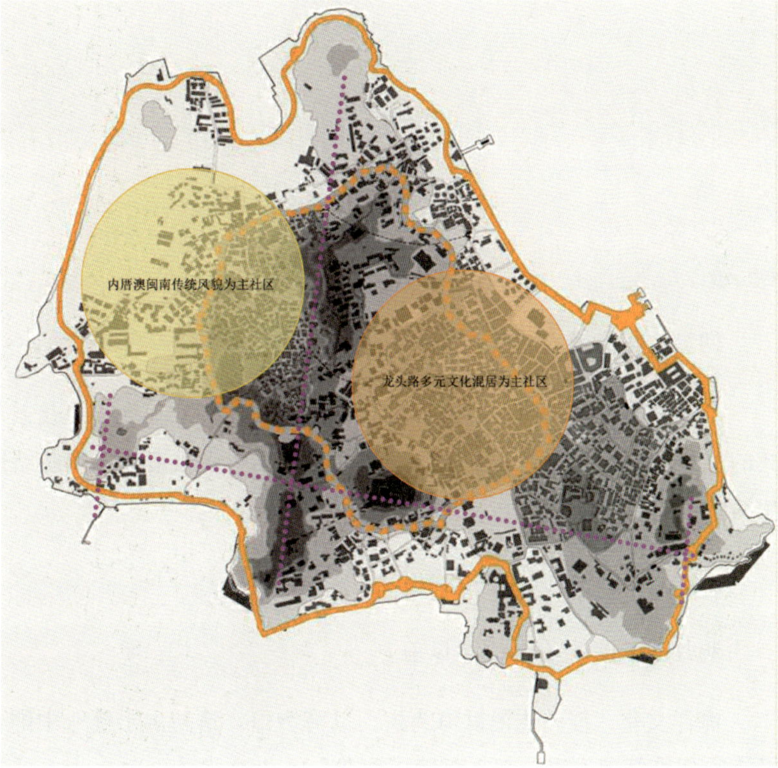

鼓浪屿主体布局
结构示意图

鼓浪屿主体布局结构为“山”字形山体、内外两环道路、东西两大社区结构，呈现出一种自下而上、自然生长的有机面貌。与大多数海岛不同，鼓浪屿内核集中在岛屿内部，滨海地带尚未得到有效使用。鼓浪屿地形特征与建筑有机结合，取得和谐的统一，岛上建筑大多依山就势，纵横错落于浓荫绿树之中。建筑新与旧的混合形成多样化的景观，带来“万国建筑博览地”的雅称。岛屿的空间总体结构如英国人在描述鼓浪屿的书中所提到的，这里的城市构成和形态仍保留了中国传统意识中封闭、围合的意象，岛上鲜有供大量人流聚集活动的广场等公共空间，故而人们对户外空间的塑造侧重于建筑的前庭后院 。区位、植被、海岸线、山体地势等层面的特质共同呈现出这座岛屿，作为一个微型城市，在物质维度中的相对独立性。

四、文化维度

文化是特有的地方生存方式的自然流露，在一定程度上也是鼓浪屿的整个生活方式的总和。我们对鼓浪屿文化维度的关注，集中于鼓浪屿文化脉络以及处于城市空间生活中心的人文情态。

鸦片战争以前（1840 年以前）

海洋文化：厦门先民以海为生，以海为田。清初由于统一中国台湾，厦门的社会经济得到恢复和发展，加上解除“海禁”、设立海关，对台为主的航运贸易事业日渐繁荣。相对于祖国大陆文化产生于农耕经济，海洋文化发展于通过海洋的商业活动，呈现出开放、开拓、包容和进取的精神气息。

闽南文化：汉人五次大规模迁入闽南地区，逐渐造就了闽南文化。狭义的闽南文化圈主要指闽南、中国台湾、广东境内的潮汕地区以及浙江南部区域创造的闽南系统的文化；广义的闽南文化圈指以闽南方言为根基的文化特征，范围包括闽台、南洋和广东境内的潮汕地区。鸦片战争前，鼓浪屿只是少数渔民的栖息之所，是保留闽南本土文化的海岛渔村。由于面临大海的自然属性与文化特征，闽南文化在长期的传承演变的历程中不断向东南沿海地带传播，深受外来文化和移民文化的多重影响。由此形成闽南人敢于冒险、勇于进取和积极开拓的人文精神。

20世纪40年代鼓浪屿轮渡码头

延平文化：延平文化以明末清初民族英雄郑成功以厦门为根据地操练水师抗敌复台为主要的文化史实背景。1662年郑成功收复中国台湾，后在台湾建立府县，推进屯田、兴办教育，促进了中国台湾社会经济文化的发展，并主张“航船合攻、通洋裕国”，发展与东南亚、日本的对外贸易，“以商养战”、发展闽南经济。郑成功被南明朝廷封为“延平王”、赐为“国姓翁”，又被台湾同胞尊为“开台圣王”，在闽台地区以“延平”“国姓”“成功”命名的祠庙、路名、地名众多。延平文化着意指在郑成功政见和业绩中所体现的以继承中原文化、反抗西方侵略、维护国家统一、发展农耕、富国强兵为内涵的历史进步文化。

台海文化：中国台湾发展过程中的人员结构包括了原住民、早期中国大陆的闽南与客家移民、荷兰人、西班牙人、日本人和近期的中国大陆移民，而当地人甚为注重传统文化的保存，同时逐渐发展出新的文化。中国台湾与闽南血脉相连，台海文化与厦门鼓浪屿最具典型意义的关联是通过郑成功及其延平文化建立起来的。厦门作为海峡两岸的重要城市，在两岸建设与发展上也形成诸多紧密关联。

1915 年鼓浪屿日光岩寺

鼓浪屿日光岩寺

宗教文化：鸦片战争之前鼓浪屿宗教文化有我国传统的佛教、道教，佛教方面代表如日光岩寺，道教方面的代表如种德宫、兴贤宫、法海院等。种德宫与兴贤宫是祀奉“保生大帝”为主神的大道公宫，法海院原为鼓浪屿早期民间信仰的宫庙，有祀奉“天上圣母”为主神的妈祖宫，后经改称瑞晄庵、三和宫，如今成为法海院。这些民间信仰，对鼓浪屿的历史、文化、宗教、民俗、医疗和旅游都产生了不同程度的影响。

鼓浪屿的民俗活动

黄赐敏别墅，其顶部覆八棱形攒尖穹顶，形似南瓜，亦称“金瓜楼”

鸦片战争以后（1840 年鸦片战争以后至 1903 年工部局成立）

侨乡文化：明清以来，闽南沿海居民有出洋（主要是东南亚一带）谋生之风，1840 年中英鸦片战争以后，厦门被迫开放，成为五个通商口岸之一。与此同期，华人开始大规模迁居海外，厦门成为从福建移民海外的主要出洋口岸。鼓浪屿的特殊环境，对广大闽南华侨、华眷和富商都别具吸引力，近代，此风愈演愈烈。海洋文化、闽南文化催生了侨乡文化，侨乡文化反过来丰富了海洋文化和闽南文化。

南洋文化：“南洋”是明清以及近代时期对东南亚一带的称呼，包括马来群岛、菲律宾群岛，印度尼西亚群岛，也包括中南半岛沿海、马来半岛等地。南洋作为地理概念，其文化身份并不明确，明成化后，闽南人因人多地少及海禁，向南洋诸岛移民；明末清初因战乱，民众大批移民潮汕、浙南和中国台湾；至清末民初形成移民南洋的高潮。近代史上华人“下南洋”带去了中国文化，结合当地条件以及其他外来文化的叠加，形成了“南洋味”的文化个性。

日本领事馆旧址

西方文化：鸦片战争后，鼓浪屿被英军率先占据，西方文化开始影响鼓浪屿。20世纪初，鼓浪屿成为西方列强争相抢夺的对象，《厦门鼓浪屿公共地界章程》的签订使鼓浪屿被列强正式明确为公共地界。从此，外国人开始大量迁入鼓浪屿居住和设立领事馆，并有权在鼓浪屿游历和传教。当时就有英、美、法、日、德、西、葡、荷等十多个国家曾在岛上设立领事馆，同时，商人、传教士、人贩子纷纷踏上鼓浪屿，建公馆、设教堂、办洋行、建医院、办学校、炒地皮、贩劳工。领事馆和海关机构的集中，标志着鼓浪屿在这一阶段成为西方文化在闽南一带的传播中心。由于西方文明的进入以及境外主权在战火中具备安全性，这里在1910至1930年代成为归国华侨和内地富人置产、定居、子女教育的首选地，一定程度上得到多层面带动的繁荣。这些客观上促成鼓浪屿西方建设思想的进入，西化城市管理制度的建立，使鼓浪屿成为国际化的并与资本主义国家接轨的前沿地区。

1. 复兴堂
2. 天主堂
3. 三一堂

宗教文化：各国领事来到鼓浪屿后，随之而来的就是宗教的输入，这些传教士不仅在鼓浪屿传教，还延伸向闽南、闽西、粤东。鼓浪屿成为福建天主教、基督教的大本营，西方天主教、基督教等教派在本地建立了如三一堂、天主教堂、复兴堂等多个教堂，成为了鼓浪屿特有的宗教文化遗产。教会除传教以外，还倾力办学、办医院，在发展教会势力的同时，也为这座岛屿带来西方的教育与医疗文明。

1 | 2
3

1. 古希腊柱式
2. 中国太极与古希腊柱式相结合
3. 双麒麟双松鼠柱式

建筑文化：厦门在鸦片战争后被辟为“五个通商口岸”之一，后又成为公共地界，各国领事、商人、传教士争相在这座岛屿上建房，并出现华侨投资鼓浪屿房地产的热潮。鼓浪屿建筑样式出现了殖民地外廊式、西方古典复兴样式、早期现代风格等多种风格样式，包括本土化的外廊式华侨洋楼和厦门装饰风格的建筑。这些都与岛屿历史发展的特定阶段特征密切相关。鼓浪屿的建筑既有闽南本土特色，又汲取西方建筑艺术风格，呈现二者各自特色的同时，也在建筑文化上呈现出多元文化交融的面貌。

鼓浪屿丰富多样的建筑纹样

1. 四落大厝
2. 黄荣远堂

鼓浪屿音乐活动

艺术文化：鼓浪屿的艺术文化表现在诗歌、戏曲、音乐、民间艺术、美术、书法等多种形式上，其中最为突出的是音乐与美术。鼓浪屿的音乐与美术传统源远流长、根深叶茂。在清代，鼓浪屿民间有南曲、锦歌流行，文人雅士弹唱古琴古筝，寺院有佛教音乐，乾隆年间亦有“日光岩演剧”的记载。19 世纪中叶“五口通商”后，钢琴通过教堂唱诗、教会学校和富商置业传入了鼓浪屿，在优雅的海岛仙境与中西融合的人文环境下，造就了鼓浪屿人的音乐传统，孕育了一批音乐巨匠，并融入了鼓浪屿人的生活之中，形成了数量众多的家庭音乐。鼓浪屿与西方绘画同样有着不解之缘，有着林克恭、周廷旭等中国油画艺术的先驱和大批西洋画艺术家，同时中国传统书画艺术在鼓浪屿亦有极大发展，使鼓浪屿在公共地界时期国粹仍得以弘扬。

鸦片战争以前，在唐宋时期，鼓浪屿从一个无人沙洲逐渐演变成为海岛渔村，传说宋末元初（13 世纪初），便有李姓渔民在岛西北部定居，那时海洋文化便在鼓浪屿上生根繁衍，闽南文化也随之滋长。《方舆纪要》曾记载："鼓浪屿及夹屿，旧皆有民居。洪武二十年（即 1387 年），系迁入内地，成化（1465 年至 1487 年）以后，恢复旧土。"因鼓浪屿所处的厦门湾位于中国台湾海峡的中段，是东北亚和东南亚地区的海上交通枢纽。这不仅带来了与中国台湾之间的互动，延平文化也随之而生，与西方文明的交流更是可见一斑。15 世纪葡萄牙人通过马六甲海峡打通与中国的贸易，明景泰到天启年间(1450 － 1627 年)，位于九龙江入海口的漳州月港因此曾一度繁荣，它与东南亚、中印半岛以及朝鲜、琉球、日本等 47 个国家和地区有着直接的贸易往来，并借助与吕宋（今菲律宾）的联系，与欧美各国也保持着贸易关系。到 17 世纪，厦门、鼓浪屿就被明确地标示在西方人的航海图上。而鼓浪屿岛上留存的 18 世纪欧洲航海者的墓碑，也见证着这一段历史。康熙二十三年（1684 年），清政府在厦门设立闽海关正口，鼓浪屿设青单小口，这时的鼓浪屿生活气息已经比较浓郁，直至清代闭关锁国，海上贸易的活动受到抑制，影响了沿海区域的发展。

鸦片战争之后，厦门被迫开放为五个通商口岸之一，也成为同一时期大规模华人迁居海外的潮流中福建移民移居海外的主要出洋口岸。鼓浪屿因其与厦门间的军事地缘战略位置而为英军率先占据，加之对渡交通便利，风景秀丽，有得天独厚的自然环境，致使大量的西方人陆续进入鼓浪屿。第二次鸦片战争后，内河航行权的开放，使得外国人有权在鼓浪屿游历和传教，大量外国人迁入鼓浪屿居住和设立领事馆。西方文化和基督教因此向闽南及更广阔的内地大肆传播，外商以此为基地，通过厦门港从事中外贸易。19 世纪 60 年代以后，更多的外国人定居鼓浪屿，鼓浪屿上的外国人社区逐渐形成，并与华人原住民分区而居。这一时期西方建筑和设施的建设，极大地改变着鼓浪屿的面貌，使这座岛屿变成了当时最具有多元文化的地域，居民国籍的多样性和文化的稠密度都使它极具代表性。

20 世纪初已成为英、美、德、法、日等国公共地界的鼓浪屿

20 世纪初，清政府将鼓浪屿开辟为“公共地界”，鼓浪屿随即成为近代亚太地区汇集全球多元文化的代表性地理单元。由此产生两个方面的影响：一方面，此时鼓浪屿作为厦门租界供职的外国人的理想居住地，成为了西方文化传入中国的首发点，也是各国势力的交汇点；另一方面，以 1902 年《厦门鼓浪屿公共地界章程》的签订生效为标志，鼓浪屿成为了由当地多国侨民与驻岛华人共同参与并管理的国际社区，继而成为了当时保守的中国吸收外来新鲜文化的，最具有示范性和实践性的地域。可控的空间范围，以及精英化的人群，相对具有高雅文化的生活环境，都构建了一个多元文化可以平衡、平等、平稳沟通的语境，这种包容性更加优化了鼓浪屿的人文特质。公共地界时期，各国列强势力进入鼓浪屿，通过宗教、外交、文化教育、社区建设等，

将不同类型的西方文化集中地传播到岛上，再与闽南本土文化融合，多元文化之间相互影响，相互融合，产生了鼓浪屿所特有的文化状况。鼓浪屿在此时建立起一个多国共治的多元文化聚集的公共社区，在中西文化的碰撞与融合以及华人群体的积极参与下，形成了当时中国最为完善的近代化居住社区，形成了全新的城市社区面貌。

各类型的文化均能直观的通过文化的表层结构即文化现象得以呈现，公共地界时期的文化现象反映出当时文化的总体状态与生活的紧密相关，在每种文化的背后都有实质性内容的支撑，如宗教文化，有具体的活动及事物，并且最后都融入到生活日常中，文化的多元性及诸文化之间的和谐共存，经过历史的流变，在这个小岛上得到了

阶段	宗教社团	教育机构	民
公共地界时期	鼓浪屿早期民间信仰的宫庙有：祀奉“天上圣母”为主神的妈祖宫(后改称瑞晄庵、三和宫、法海院)；与祀奉“保生大帝”为主神的大道公宫(包括兴贤宫与种德宫)。 佛教、道教、天主教 美国归正教 差会(又名自由教会、伦敦公会)、长老会 教堂——复兴堂、防和堂、安献堂、三一堂、基督堂 这些传教士主要是受本国教会派遣的，目的是向中国输入基督教，改变中国人的信仰和价值观念，以至整个生活方式。 各个宗教支流都以自己的方式影响着居民的生活。	教会学校：教会先后建有18所学校，有高初中兼办的完全中学和单纯的初级中学，高初小兼办的完全小学和单纯的初级小学，培养师资的中等师范学校，幼儿园，专修基督教义的“圣道学院”“福音学校”“迴澜书院”，还有专门招收婚后家庭妇女的“妇学”。 非教会学校：当时先后共有14所，有黄姓家族的私塾“普育小学”，培养职业技能的闽南职业学校，黄奕住为纪念其母亲而设的慈勤女子学校。	闽南茶文化 家庭音乐会， 传统，也体现 热爱。 南音，集萃唐 ，后又吸收宋 腔、青阳腔、 并与闽南民间 一格。 戏曲类还有高 戏、布袋木偶 传统节庆有种 和中秋节博饼
现状	佛教、道教：种德宫、兴贤宫、日光岩寺。 教堂：天主堂、福音堂、三一堂，部分教堂转化为其他功能。 宗教与生活的关系减淡，实质的内容缺失，更多的是与旅游产业结合，有了新的含义。	鼓浪屿现有3所小学：人民小学、笔山小学、音乐小学；6所幼托：笔山幼儿园、鹿礁幼儿园、日光幼儿园、艺术幼儿园、汉伟英语幼儿园和鼓浪屿区托儿所。区内还有省属的福建省工艺美术学校、市属的厦门第二中学、1所特殊教育学校及1所业余学校。	沙滩文化节 郑成功文化节 中秋博饼文化 普度风俗 闽南独特的语 家庭音乐会、 等生活民俗在 更多的在表演

	建筑样式	人群
音乐 乐的 雅韵 式阳 华， 自成 鬼儡 活动	西方建筑涌现，传到鼓浪屿呈现为折衷主义色彩的西洋风格和东南亚风格建筑。 基本类型涉及：本土遗风，闽南传统建筑风格；东南亚风格——非、缅、印和西洋殖民风格；西洋或仿西洋风格——折衷风格。建筑风格特征可归纳为双重折衷和中西合璧。其中包含三层含义：20世纪初国际流行折衷主义——古典希腊、古罗马复兴折衷；建筑设计手法折衷——中式、西式、本土式、混合式；西洋民建筑本土化和本土建筑西洋化，外来文化和本土文化双重强化和淡化。	以华人华侨、外国侨民和当地居民为主，其次是传教士、商人、外交官、翻译人员。
偶戏 消失	“公共租界”以后，经过大规模房屋建设，形成现有建筑的80%为公馆别墅和私家住宅，形成了一道建筑的风景，其余建筑大都为新中国成立后新建，新建筑多为办公和旅游设施建筑，也建了相当数量的住宅。	现在的鼓浪屿人口主要有外来人口、当地居民和游客。

较好的保存，在人群的生活之中得到体现。文化的深层结构通过表层结构来显现。鼓浪屿的文化系统中提供了诸多文化类型：海洋文化、闽南文化、延平文化、台海文化、侨乡文化、南洋文化、西方文化、宗教文化、建筑文化、艺术文化等，它们都有自身所根植的文化的深层结构，这些深层结构通过文化的表层结构显现出来便形成了诸如宗教社团、教育机构、民风民俗、建筑样式、人群关系等方面，而这些层面中满溢的艺术气息和艺术历史，则为这座岛屿的文化发展提供了艺术发展的历史渊源与艺术生活的独特方式，共同构建了鼓浪屿文化维度所特有的艺术性。

五、政策维度

从最初的道路墓地基金委员会的城区建设到 20 世纪 80 年代的风景旅游建设，到 21 世纪初的历史文化遗产保护，鼓浪屿在政策维度上呈现了管理机构意愿的转变。再从历年来的规划定位上看，或多或少存在着这样一个问题，一方面反映了政府对鼓浪屿保护发展的谨慎态度，另一方面鼓浪屿尚未得到一个总体上的真正意义上的全面把握与定位。

以公共地界时期为例，鼓浪屿主要由领事团领导下的“鼓浪屿工部局”管理。甲午战争后，日本意图独占鼓浪屿，由于相互利益的冲突与矛盾，遭到了其他西方国家的反对。在这种特定的背景下，才有了《鼓浪屿公共地界章程》的签订和鼓浪屿工部局的成立。早在 1878 年，英、德领事组织成立“鼓浪屿道路墓地基金委员会”，筹款修建鼓浪屿的道路和墓地，鼓浪屿上的西方人自发形成的共治管理模式初步确立。直到 1903 年工部局正式成立，20 世纪 20 年代初，华侨积极参与到工部局的事物管理，自此，鼓浪屿得到大量的实质有效的建设，展现出全新的城市社区面貌。 这一时期的鼓浪屿呈现了多国共治的管理体制，拥有明确的管理机构主管岛上的市政及公共建设，即多国共治一头管理。

鼓浪屿在 1955 年，第一次被确定为风景疗养区，至 1988 年，以鼓浪屿为主的“鼓浪屿—万石山风景名胜区”列入我国第二批国家重点风景名胜区，而后相续提出鼓浪屿要成为“国家级风景名胜区，以开发自然风景和观光旅游为主，包含休闲、度假疗养、会议等功能的风景旅游岛”，任何建设行为均应围绕风景旅游的主题，使其成为风景名胜区景观的有机组成部分。政府部门对建设投入了大量的资金，做了大量的引导工作，并多次组织规划策略项目探讨鼓浪屿的未来方向，取得很大成效，但由于种种原因，这些规划策略实质较少作用于鼓浪屿，且历年的政策指引或多或少显示出一个共同的问题：定位尚单一、与生活本质关联较弱。

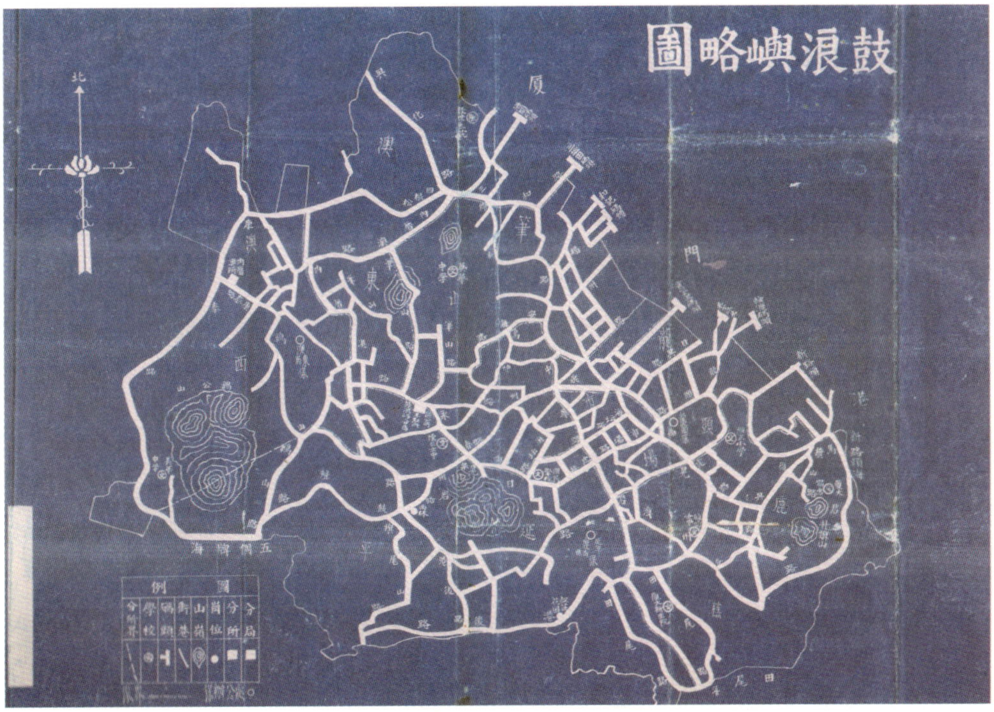

1952 年的鼓浪屿略图

政策作用于文化，鼓浪屿黄金人文城区时期的多国共治带来了多元文化状态，面对这种多元的文化状态，单向的定位理念，脱离生活或与生活无关的策略，既不能统摄鼓浪屿的丰富内涵，也与鼓浪屿的具体现实和发展无关。公共地界时期对鼓浪屿统一的管理机制，即管理机构由驻厦领事团、工部局和华人议事会共治，且每个机构由各国共治，管理范围非常明确。鼓浪屿撤区后，由鼓浪屿－万石山风景名胜区管理委员会、鼓浪屿街道办事处为主要管理单位，另有各局办（食品监督局、公安部门、工商部门等）辅助管理。 政策维度在鼓浪屿的历史、生活和未来发展之间，呈现出探索性的特征。

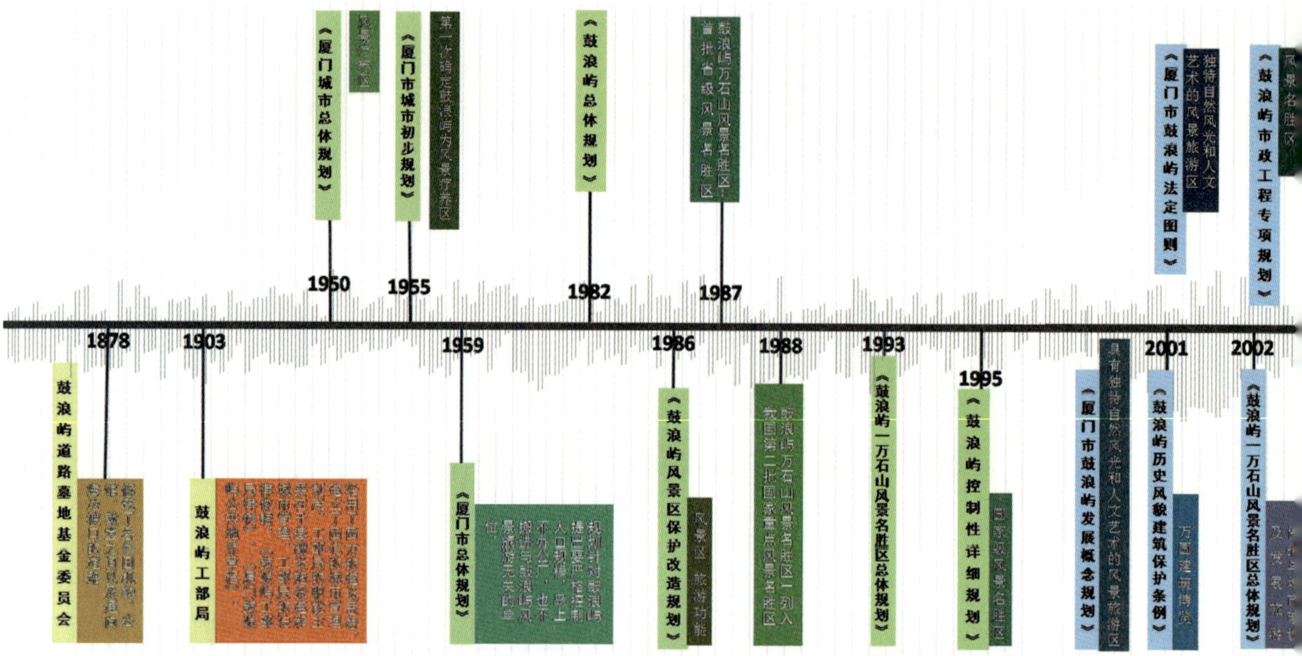
1878
鼓浪屿道路墓地基金委员会
1903
鼓浪屿工部局
1950
《厦门城市总体规划》
1955
《厦门市城市初步规划》
第一次确定鼓浪屿为风景疗养区
1959
《厦门市总体规划》
1982
《鼓浪屿总体规划》
1986
《鼓浪屿风景区保护改造规划》
风景区 旅游功能
1987
鼓浪屿万石山风景名胜区——首批省级风景名胜区
1988
鼓浪屿万石山风景名胜区——列入我国第二批国家重点风景名胜区
1993
《鼓浪屿—万石山风景名胜区总体规划》
1995
《鼓浪屿控制性详细规划》
国家级风景名胜区
《厦门市鼓浪屿发展概念规划》
具有独特自然风光和人文艺术的风景旅游区
2001
《厦门市鼓浪屿法定图则》
独特自然风光和人文艺术的风景旅游区
《鼓浪屿历史风貌建筑保护条例》
万国建筑博览
2002
《鼓浪屿市政工程专项规划》
风景名胜区
《鼓浪屿—万石山风景名胜区总体规划》

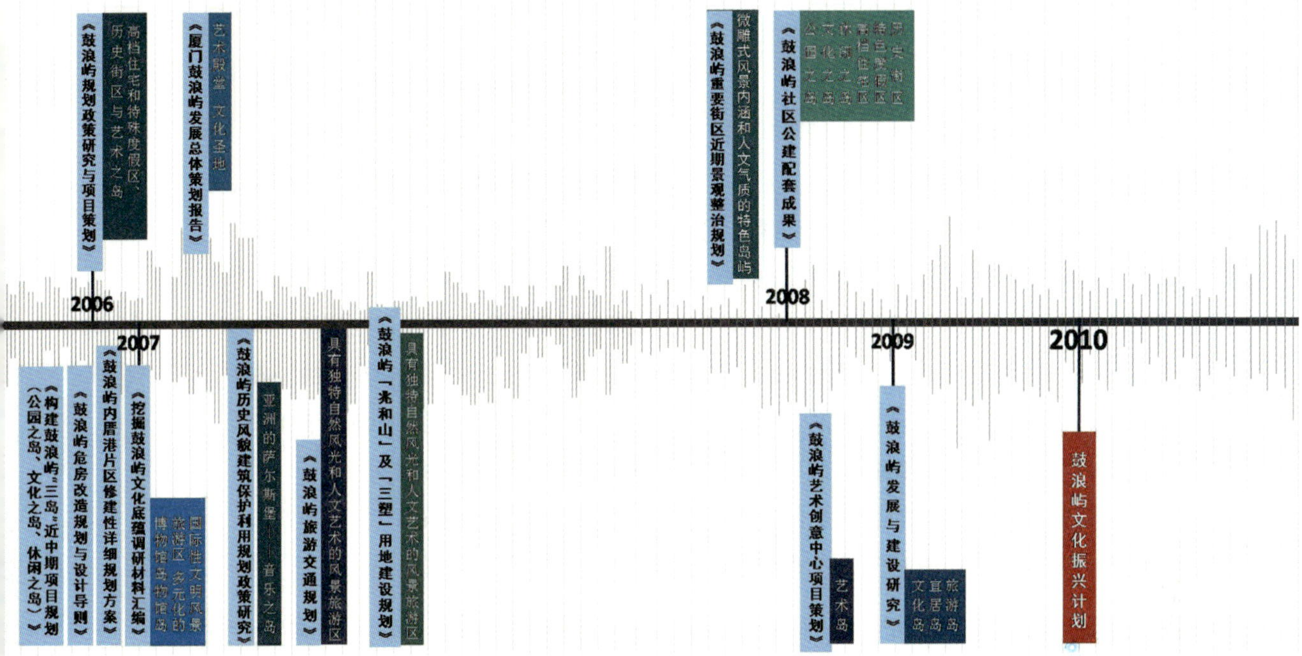

历年政策呈现出管理机构意愿的转变

六、产业维度

从产业构成的角度看，在公共地界时期，由于外国领事、洋行、商人、传教士、华侨在鼓浪屿建造各种机构和建筑，鼓浪屿的产业构成呈现出以房地产业占主要地位的局面，形成居住的高端化、品质化面貌。房地产业继而带动商业，促使鼓浪屿在这个时期的金融业及相关的医疗、教育、邮政、电信、服务业等纷纷兴起，紧凑的内部市场迅速形成，相对完善的产业结构也促进了这座岛屿的内部产业循环。在解放后的经济建设浪潮中，鼓浪屿很长一段时间内，因其有限的土地资源和交通条件限制，没有获得更多发展机会而处于悬置状态，但是上一个百年的历史积淀为鼓浪屿留下了丰富的物质资产和宝贵的人文资源，20 世纪 80 年代鼓浪屿被认定为国家级风景名胜区，旅游业成为主导产业。当下的鼓浪屿的产业发展主要是以旅游业为主带动旅游地产、商业、餐饮业等相关产业的发展，产业构成趋于单一化。

从鼓浪屿的产业运行机制来看，公共地界时期鼓浪屿的主导产业为房地产业，继而带动一系列的相关业态。西方文化意识的传播、华侨华商的自强意识、移民及原住民对获得更好生存能力的需求，促进了教育事业的迅速发展，并同时带动了系列产业

1867 年鼓浪屿船坞铁木工车间

1907 年间拍摄的幼儿园儿童

英国女传教士礼荷莲拍摄的街头修伞师傅

1905年初拍摄的小吃加工场景

19世纪末的修鞋师傅

的发展。房地产与教育在产业机制中占据了主体地位，完善的医疗、先进的基础设施、相对丰富的宗教场所和文化娱乐场所等以此为核心来运转。这套产业的运作机制，使鼓浪屿第一次真正实现了内在的优雅生活与外在的风景如画的物质条件的统一。

任何文化背后都有生产系统的支撑。公共地界时期产业的运转，使其文化上达到内在与外在的统一。此时的教育业对于精英社会文化的形成也起到推波助澜的作用。在鼓浪屿成为领事馆集中地后，转型为殖民者的子弟学校和殖民地精英培训基地，注重国际贸易、国际政治等学科，学生毕业后进入海关、银行、洋行、公司、邮政局等高薪机关，吸引了大量内地精英和华侨子弟来鼓浪屿就学，一定程度上促成华人精英社会的形成。 公共地界时期的鼓浪屿在精神及物质上的丰富遗存，使旅游产业在20世纪八、九十年代极为自然甚至是必然地成为主导产业，且一直延续至今，与此相伴的是旅游商业、服务业、餐饮业、交通运输等的兴起以及其他产业的

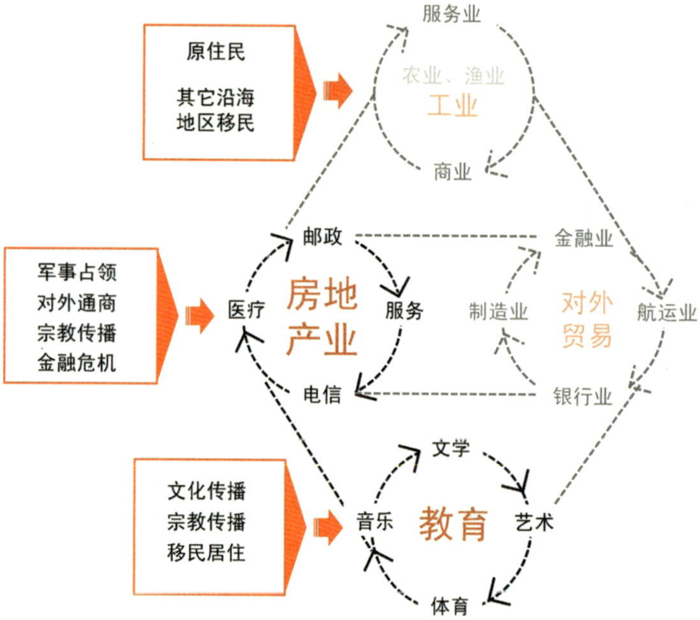
原住民
其它沿海地区移民
服务业
农业、渔业
工业
商业
军事占领
对外通商
宗教传播
金融危机
邮政
医疗
房地产业
服务
电信
金融业
制造业
对外贸易
航运业
银行业
文化传播
宗教传播
移民居住
文学
音乐
教育
艺术
体育

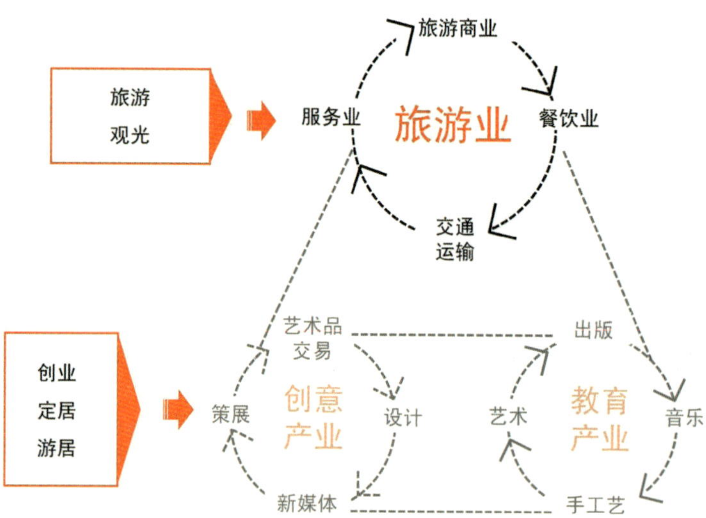
旅游
观光
旅游商业
服务业
旅游业
餐饮业
交通运输
创业
定居
游居
艺术品交易
策展
创意产业
设计
新媒体
出版
艺术
教育产业
音乐
手工艺

公共地界时期（1989年－1949年）		解放后（1949年以后）	
厦门	鼓浪屿	厦门	鼓浪屿
农业		完整的一、二、三产业 发展出口加工业，带动和促进本市工业发展；发展文化和教育事业 加强对台交流；促进岛内岛外，本市与周边地区发展	文化创意产业
渔业			旅游业
造船业	造船业		造船业
工业	工业		工业制造业
房地产业	房地产业		旅游产业
航运业	航运业		航运业
商业	商业		商业
对外贸易	贸易		贸易
手工业	手工业		手工业
银行业	银行业		银行业
金融业	金融业		金融业
邮政电信业	邮政电信业		邮政电信业
医疗	医疗		医疗
教育	教育		教育
服务业	服务业		餐饮业

原有产业
没落产业
新增产业

逐渐边缘化甚至消失。旅游产业形成的相对完备的运行机制，固然使其自身得以运作，但不可避免的带来了单一性，使鼓浪屿历史上呈现过的完备的内外一致性失衡甚至不匹配，在旅游繁华的背后隐含的是空城现象的危机。

产业的变化，一方面受特定时空背景的影响，同时也作为推动力反作用于历史：公共地界时期的房地产业造就了高端且多样的住宅，作为产业资源，给鼓浪屿带来了今天独特的魅力；同时期的大北电报局作为先锋事物出现，辐射了鼓浪屿周边地区；南洋华侨建设带来的先进生产方式激活了鼓浪屿的整体生态，各种丰富的自然以及人文资源转化为生产动力，使鼓浪屿的旅游产业大兴。产业生成的就业机会把各类人群吸引到这座岛屿，形成了相应的文化生活。产业运行模式生成了相应的文化构成。鼓浪屿在公共地界时期的多元文化，就与其产业息息相关。在公共地界时期，鼓浪屿的产业导向了居住和教育，实现了岛屿内在的优雅的生活与外在的风景如画的环境的统一。这种一致性使鼓浪屿散发出了它自有的乌托邦般的迷人气质。鼓浪屿的文化气息的浓厚沉淀在社会生产之上，加之其作为经济文化的辐射地的有利条件，使其生产模式从历史上积累了丰富经验，从多样的产业结构中得到归纳总结，在对外来人群上具有开放和包容的能力，加之华侨所建设的社区所具有的凝聚力，使这座岛屿渗透出可游可居的游居性。

七、传播维度

我们知道拉斯韦尔的 5W 模式提出了传播过程及其五个基本构成要素，即“谁？说什么？对谁说？通过什么渠道？取得什么效果？”奠定了传播学研究的五大基本内容，即控制分析、内容分析、媒介分析、受众分析及效果分析。传播维度是鼓浪屿影响力具体的生效方式，反映着岛屿的外部形象。在这里我们将鼓浪屿作为一个对象城市，对其现状社会状态与传播效果之间的差异作一个比较。传播效果呈现了受众对鼓浪屿的期许，这种期许也反映着公众的一些潜意识，这其中蕴涵着鼓浪屿在受众中更多真实的可能性。在两个阶段的对比分析中，我们的媒介分析部分主要集中于对现状的分析，这是媒介分析中最重要的部分，也是我们想要探寻的现状社会状态与传播效果的内在联系。

控制角度：公共地界时期，鼓浪屿由工部局管理，沿用了西方的建设思想，建立了西化的城市管理制度。现在的鼓浪屿在厦门的规划中界定为风景区，主要以风景旅游的定位在发展。

内容角度 ：公共地界时期，房地产业发展迅速，鼓浪屿外在格局和内在特质逐步形成，包括了以折衷主义色彩的西洋风格和东南亚风格为特色的建筑风格，网络形态的

现状的传播手段

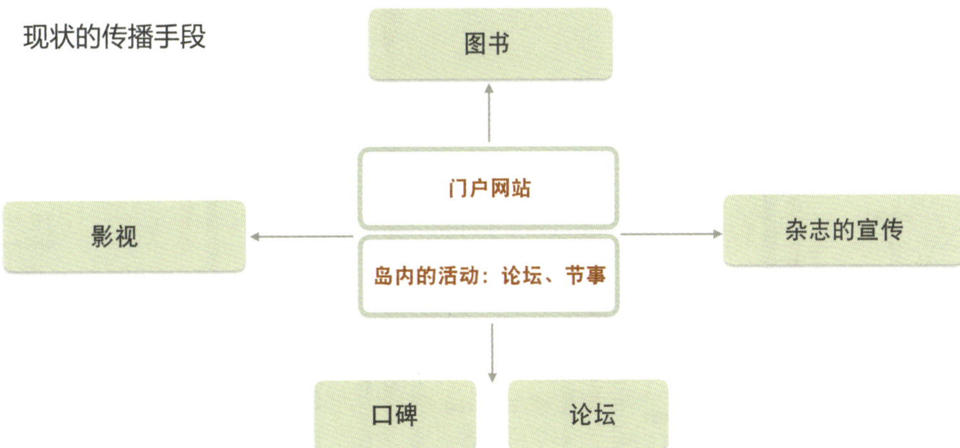

街道，山、海、植被为主的自然环境，以及历史积淀的人文精神和艺术气息。这种格局维持了相当长一段时间，逐渐成为鼓浪屿核心魅力之所在。鼓浪屿得益于公共地界的历史条件和西化的城市管理制度，完成了从小海岛到人文城区的性质转变。现今的鼓浪屿，建设大多围绕风景旅游的主题，利用丰富的自然人文资源和历史遗存，形成集观光、娱乐、度假、休闲、 购物为一体的旅游发展格局，吸引海内外游客前来观光游览。从人文城区转向风景旅游区，体现出鼓浪屿不同时期传播内容的变化。除了历史遗存和风景名胜外，鼓浪屿丰富的文化与日常生活也应成为传播的真正的内部诉求。

媒介角度：公共地界时期，传播主要依靠的是口碑的传颂，这种非系统性非主动的传播方式。这种传播方式依靠的是自身条件特征等由内而发的支撑，是种自然而然的原初性的传播。而今的传播途径日趋多样化，有图书、影视、杂志、网络等，以及各种文化活态的促进和公共项目的举办。

受众角度：网络词条搜索、调查问卷、形象比较等众多方面的考察，反映出人们

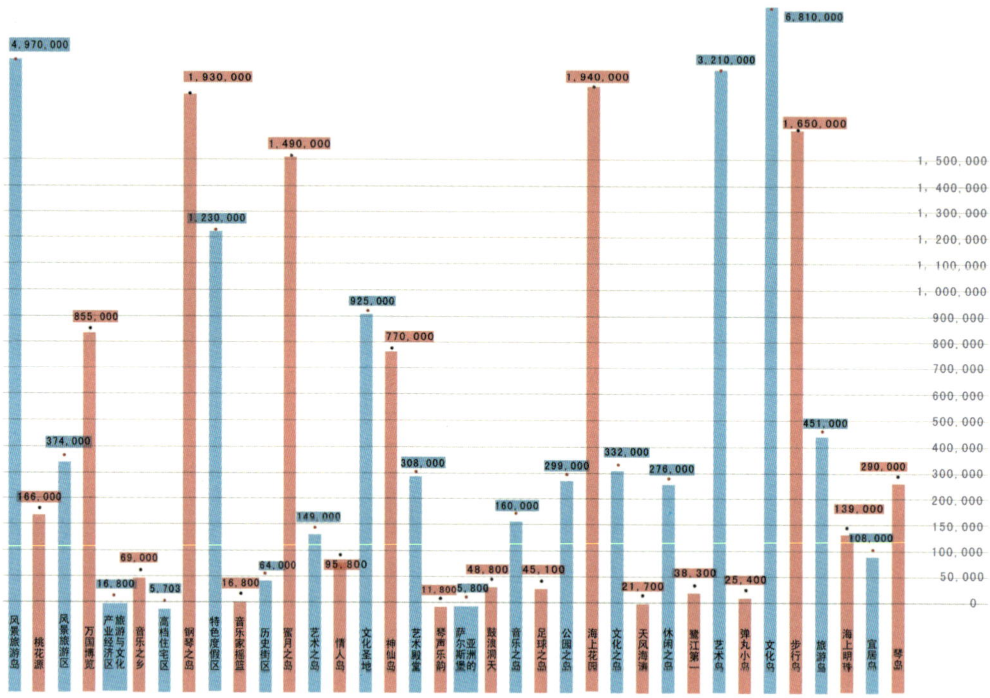

鼓浪屿规划定位与民间称谓搜索率对比表

对鼓浪屿的认识和期望，体现着鼓浪屿的外部诉求问题。

鼓浪屿规划定位与民间称谓搜索率对比表使用全球网络搜索平台对比鼓浪屿规划定位与民间称谓的搜索率，以考察鼓浪屿在传播中的意向倾向。对比鼓浪屿在各种关系中所处的位置，以便寻找历史现状中鼓浪屿的基本方向。

鼓浪屿关键词搜索率对比表反映出今天的鼓浪屿所处的区域关系、在新旧媒介传播中的形象以及人们对鼓浪屿的印象。

鼓浪屿印象问卷影响力柱状图涉及的调研对象为在 20 至 25 岁之间的江浙大专院校的年轻人。从中可以看出鼓浪屿在年轻群体中的地位与价值，隐含着未来的可能

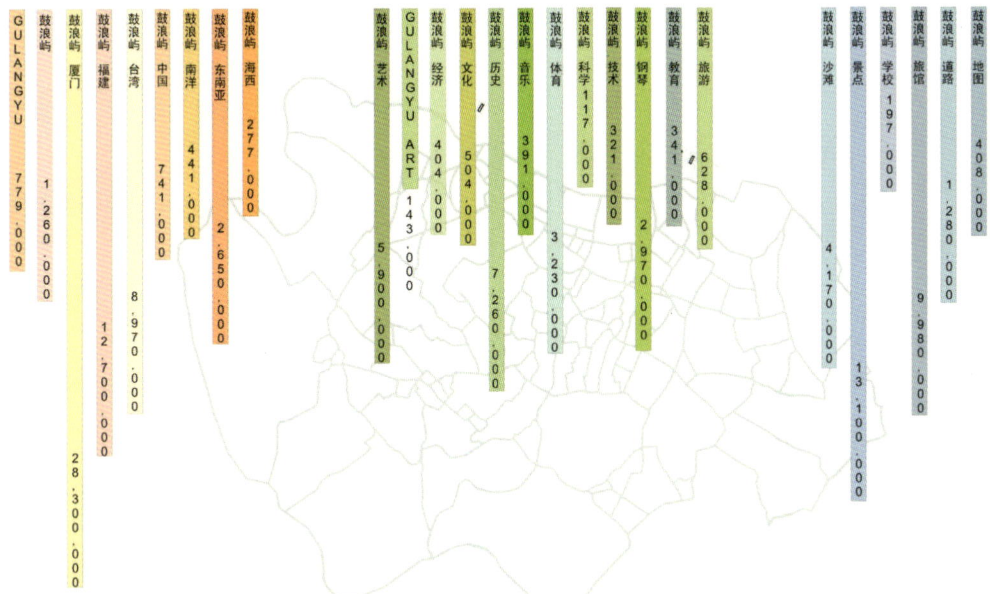

鼓浪屿关键词搜索率对比表

性的发展方向。现在人们的出游更具理性、目的性，可以说是攻略型出游。

效果分析：从现状的传播形象可以看出，政府对鼓浪屿的认知聚焦在风景名胜、人文历史、建筑、音乐等。除此之外，传播的外部形象还有人们对于鼓浪屿的认识及意愿。然而公众感到的实际状况与外部形象之间尚存在着差异。公共地界时期，鼓浪屿的社会总体状况是注重发展城市建设，汇集多元文化，逐渐形成人文城区，各构成要素在内在关联之中共构出了一个相对完整的有机体。鼓浪屿的传播效果上，通过当时西方人对眼中的鼓浪屿的描述，也可看到与之匹配的描述和判断。现今的鼓浪屿面对历史积淀下来的厚重且多样的文化，集中发展旅游业，外部形象失去了整体性特征，岛屿传播形象被割裂开来。人们对鼓浪屿的意愿传达出一种悠闲的生活状态，在人们的印象中，鼓浪屿不是纯风光地，它也是一个可以诗意地栖居的地方。

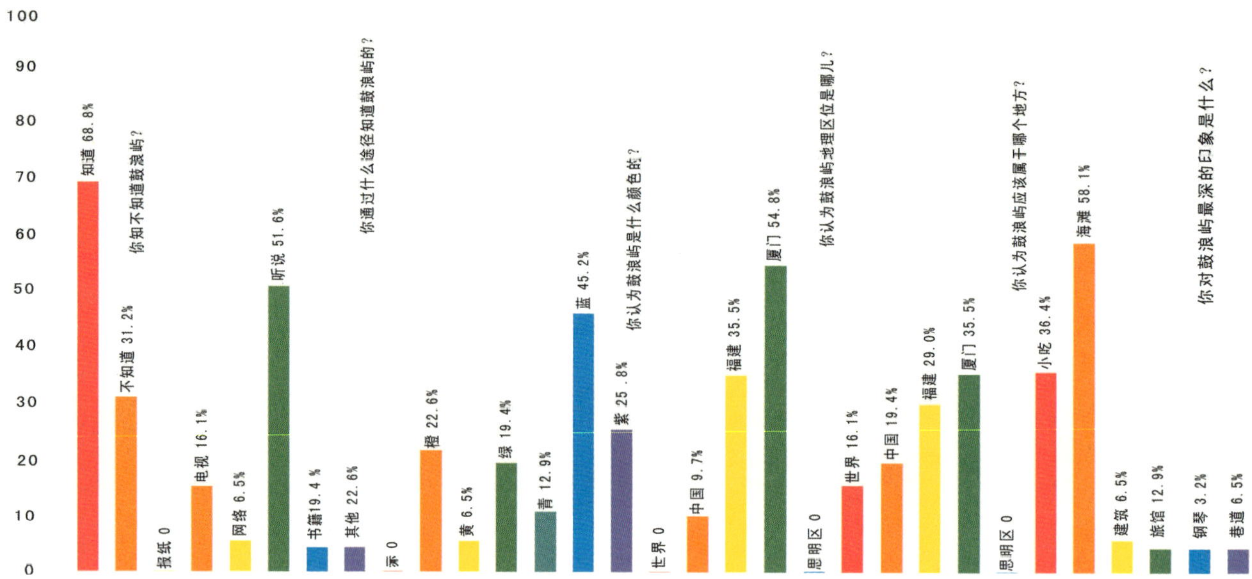

鼓浪屿印象问卷影响力柱状图

鼓浪屿在传播层面的历史上有过诸个面貌，现在的岛屿规划定位较之以前显得单一，然而每一种单向定位都不足以表达鼓浪屿的核心价值与全貌，在传播效果上大大减弱了鼓浪屿实际所具有的丰富度、厚度与广延性。对于鼓浪屿的社会状态与传播效果之间的差异，一方面应以开放的视野来看待，超越其地理空间的限制，放大其区域效应；另一方面，传播形象反过来也在作用于鼓浪屿，充分认知鼓浪屿可被感知到的实际状况与终端的传播形象之间的差距，在传播内容上抓住岛屿的文化核心价值与整体特征，呈现一个更大视域与更深层理解下的鼓浪屿，我们相信，能够唤起更多的共鸣。

八、小结

当我们以动态历史观的视角来纵观鼓浪屿的历史概况时，我们选择着重从历史维度、区域维度、物质维度、文化维度、政策维度、产业维度、传播维度这七大维度来观看和认知这座岛屿，在这个过程中，我们从现象梳理中认知各维度，从各维度自身认知这座岛屿的特性，找寻内在渊源，发掘文化核心价值，进而形成这座岛屿文化振兴发展的可能性构想。

2

第二章

“从文化角度看这座岛屿在今天的主要问题是什么？”
鼓浪屿现状与文化核心问题

这座岛屿存在着一些问题与矛盾，也因而存在着发展的张力与可能。尽管对鼓浪屿的历史概况已进行过多维度的梳理分析，我们的关注却并未止步于此，鼓浪屿的文化振兴发展，重点在流变，即演进的可能性。鼓浪屿在历史演进中的不同时空包含着不同的问题，今天，也不例外，只是这些或多或少地被不同程度地遮蔽或放大了。我们希望做的是认知这座岛屿的现状与问题，继而寻找鼓浪屿文化振兴发展的新的可能性构建方向。毕竟，深刻地理解困难，是一件困难的事情。

鼓浪屿是一座满载着过往文化历史和充斥着当下城市生活的岛屿，独特的地理位置和自然条件令它具有独立性与包容性。站在文化发展的角度，我们认为当下的鼓浪屿的文化性呈现出淡化甚至部分缺失，这不仅会使它丰富的历史性被削减，也会使鼓浪屿面临成为一个简单的自然景观而不再是具有人文气息和艺术文化情境的凝聚之地的境遇。因此在这里指出问题和谋求解决之道，同时也意在指出对鼓浪屿的人文特征与文化核心价值的定位的重要性与紧迫性。

第一节 现状

一、往昔与当下

鼓浪屿的文化状态，曾是在历史契机、政治与利益的均衡下，多元化的糅合与共生。而当下的鼓浪屿，这种多元化的文化内涵被部分抽空了，随着新时代元素的介入，鲜明的多元化状态逐渐消失，呈现出了局部的语义混乱。

从场所状态的角度看，鼓浪屿的过去是依据生活的需求而自然生长的城市形态和空间结构。在当下，虽然整体的空间结构及城市形态总体得以保存，但局部却呈现出衰败的现象，解放后居住区散落的建设，并未对原有的结构和形态造成明显的影响。过去的鼓浪屿是契合海岛地理环境的、自然生长的城镇社区结构类型，呈现出东、西各自的生活特色。现在的鼓浪屿虽然东、西居住型社区结构得以延续，但社区生活凝聚力和归属感却很涣散。

产业方面，鼓浪屿曾是海外贸易与多元化、生活形态与生产、产业的同构，当今鼓浪屿的产业却偏向单向发展，使得外在风景如画的环境与内在优雅的生活之间的矛盾日益凸显，文化与产业之间无法构成有序的关系。

鼓浪屿的文化更多是其历史进程在文化层面的缩影。但随着新时代的文化介入，加上岛上人口素质的良莠不齐，都使鼓浪屿丰富的历史元素被搁置、改写甚至消失。随着旅游业的发展，快速的信息传播更是造成了鼓浪屿文化形象的单向设定，定位不明确的文化身份，更加凸显出如今的文化的让位以及历史感的淡化。经济层面的单一产业链使得文化的更新进程变得更加缓慢，原本的多元性也逐渐消失殆尽，这种恶性循环最终将消耗掉鼓浪屿仅存的文化特征，使其不再有文化的滋长和文化新形象的产生，随之而来的是生活性的消亡与城市性的减弱，直接影响岛屿的人文特征，使鼓浪屿最终倒向仅仅依靠自然资源而成为一个被景区化的城市空间。文化不是单一的层级，协调文化与产业，实现鼓浪屿文化振兴，提升鼓浪屿人文气息，认识鼓浪屿的文化核心价值，让文化传达历史并成为生活，是解决鼓浪屿文化现状与未来发展问题的重中之重。

二、当下的现实问题

问题一：历史文脉的保护与延续尚存提升空间

1. 历史文化遗产尚未得到充分展示

鸦片战争后厦门被开辟为通商口岸，先后有十多个国家在鼓浪屿岛上设立领事馆，公馆、教堂、洋行、医院、学校等相继成立，鼓浪屿遂变为“公共地界”，一些华侨富商也相继来此兴建住宅、别墅。鼓浪屿先后历经不同的历史时期，存留下来的历史文物古迹和历史风貌建筑在近现代历史上具有重要意义。大量的华侨私人物业，以及宗教文物等物质文化遗产成为中国近现代历史文化的见证。然而，鼓浪屿的历史文化遗产与产业发展结合方式却呈现出粗放发展的样态，一些空间或被简单地植入少许的文化内容，或由于历史及产权问题而闲置，更有甚者由于常年无人居住、失修而荒废或面临坍塌。历史遗存之外，鼓浪屿的历史在没有服务品质的非专业导游那里，被随意臆造与讲述。岛屿相应的文化形象，也呈现出缺少整体策划和组织的现象。

历史文化遗产尚未得到充分展示

产业结构趋向于单一发展模式

2. 博物馆尚未有效发挥对地方文化历史的记述与展示功能

现有博物馆的展示内容与展陈形象定位与鼓浪屿文化形象之间存在较大差距。鼓浪屿在动态时空范畴中的状态，在区域关系下的角色，与近现代史的关系，物质空间遗存的历史叙事等尚未得到充分诠释与展示。应建立健全对鼓浪屿与中国近现代史及其自身发展史的历史追溯与展示，开放并还原领事馆物质空间，提升专项博物馆的展示规格，迁出与鼓浪屿文化关系不大且展示效果不佳的博物馆。

3. 地方文化生态与经济发展不和谐

地方文化生态是一个地方的产业、民俗、生活、文化与空间美学等的和谐发生，具有高度一致性和互渗性。新中国成立后，中国的经济体制、生产生活方式与鼓浪屿原本的“生态机制”存在很大区别。一方面，经历如火如荼的国民经济发展以及改革开放经济大潮，鼓浪屿的产业结构趋向于单向的旅游经济发展模式。鼓浪屿所兼具的万国文化风情仅以简单的旅游经济需要而粗放发展，原有的闽南文化风情也被经济冲击而流失。空有外壳的物质空间因为和实在的地方文化与生活脱离而被均质化，呈现出与鼓浪屿整体文化情景的不和谐。

居住者的日趋边缘化

问题二：人口素质良莠不齐造成地方性文化传统的流失

1. 经济建设下的人口流动呈现出人口素质的良莠不齐

在城市结构环链里，最重要的一环是“人口”。近年来鼓浪屿上的人口构成出现弱势化的现象。一方面，鼓浪屿原住户中青壮人口的持续外迁，使得岛上的人口年龄结构失衡，人口老龄化严重；另一方面，填补进来的服务业打工人口，人员混杂，素质良莠不齐，且对岛屿历史文化背景及习俗不甚了解，易缺乏本地归属感。本地居民的外迁和外来人口的增加，以及鼓浪屿旅游经济的发展，使得本地居民被边缘化，逐渐形成人群的排他性和对外来人群的依赖性，岛内的本地居民难免陷入困境。随着厦门及周边经济的发展，越发显出鼓浪屿核心价值发展的缓慢甚至停滞，加上对过去辉煌历史的追忆，使鼓浪屿人陷入一种既无力改变又排他的恶性循环。

2. 外来人口的增长使得原本薄弱的地方文化的延展受到阻滞

地方文化的离场，城市内容的丧失，城市机能的消退，很大程度上来源于岛上人群结构的变动。鼓浪屿素有“万国建筑博物馆”之称，许多建筑有浓烈的欧陆风格，

外来人口与地方文化和根性割裂

古希腊柱式各展其姿，罗马式的圆柱、哥特式的尖顶、伊斯兰圆顶、巴洛克式的浮雕，门楼壁炉、阳台、钩栏、突拱窗、洋溢着古典主义和浪漫主义的色彩。由于经济体制的改变和旅游经济的带入，原住民的大量迁出，腾出闲置房屋出租给外来务工者，出现大量房屋改造和增建，完整的建筑结构被切分为格子。外来人口与地方文化和根性的割裂，鼓浪屿的原住民中的青壮年人口持续外迁，带走了岛内原有的生机和活力，使得地方文化的延伸受到阻滞，面临逐渐被通行的经济趋势和逐利的商业文化所趋同的境地。

拥堵在轮渡码头附近的游客

问题三：“观光游”向“深度游”转换过程中的旅游业面临更大产业危机

1. 旅游资源能级高但旅游产品单一化

随着国民生活水平的提升，精神文化需求逐渐增大。特别是在今天这个信息发达和交通便捷的时代，人们的知识、视野和需求等各层面要求都在转变与提高。上一轮粗放式产业与经济发展方式，已经不能够很好的适应当下人们日益增长的精神需求。在产业转型趋势及需求放大的过程中鼓浪屿应该发挥自身旅游资源能级高的优势，加快旅游产业升级、提升服务品质。挖掘鼓浪屿独特的文化内涵，将旅游产品做出品质特色。

2. 旅游路线设定、旅游服务设施与品质需升级

目前的旅游路线主要是由旅游套餐所设定的五大景点构成。旅游管理部门根据具体情况设定线路、节点及交通方式，构成岛上交通和环岛交通体系。鼓浪屿旅游存

在淡旺季、昼夜季的强烈反差，面对这一悖论式问题，一方面是要合理控制旺季上岛旅游人群数量，另一方面是提升岛上基础设施和服务品质，以吸引淡季常态旅游人群，保证日常人流量。

3. 旅游景点与休闲产业东西分布严重不均导致人流量集中

鼓浪屿在长期的建设发展中逐渐形成东西两种社区类型，分立着两种文化生态。多数开放景点及产业集中分布在龙头路片区，以东部为主导的社区模型受到历史情境的影响而逐渐凋敝，西部也由于经济冲击而逐渐萎靡。然而，新的商业环境下，东部由于地理位置和基础条件较好，具有异域风情的环境顺应经济发展和人们精神需求，其发展状况仍然较西部要好。环岛其他片区处于未开发状态，特别是西北部、南部空间被占据和割断，使得产业无法有效展开。上述诸种也成为鼓浪屿出现资源闲置和局部拥塞现象的症结所在。

问题四：产业类型单一与缺少整体规划

1. 产业定位趋同且类型单一

鼓浪屿产业趋同化现象严重，产品单一，基本是以旅游、服务为依托的产业链，受旅游业潮汐影响严重。除部分环境和服务品质较高的特色旅馆，多数家庭旅馆以低端路线运营。餐饮、酒吧、特产、摊贩经营品类和形式也呈现出低端形态。产业发展以自发和粗放型为主，缺少产业指导和特色品质服务意识。鼓浪屿目前主要以引进外来品牌服务于旅游和日常生活。对于风光秀丽、气候宜人、建筑环境都具特色的鼓浪屿而言，这里具有培育本土特色服务品牌的得天独厚的优势，可以通过培育地方服务品牌引领产业升级。

2. 鼓浪屿产业空间缺少整体规划、分布凌乱

鼓浪屿两大片区分别为龙头路片区和内厝澳片区，其中龙头路片区整体环境较

建筑与基础设施老化

好，商业分布相对集中，是岛上经济最为活跃的区域，餐饮、酒店、品牌店等商业类型杂乱多样。内厝澳片区公共设施陈旧，缺少生活便利性。就整体现状来看，鼓浪屿仍然是一个社区气氛浓厚的岛城空间，拥有高能级的旅游资源而承担着景区的功能。两者之间的矛盾与互生，指向对产业及分布进行整体规划的需要。

问题五：城市功能老化与基础设施落后

1. 社区公共生活平台丧失

“人”是诸多城市因素的关键，由于人的退场，支撑鼓浪屿的人、事、物、场发生基础的变化，原本的社区生活氛围和活力变弱，相应的城市生活设施也难以满足人们的需求，二者共同加剧了鼓浪屿具体城市生活内容与物质空间遗存之间的矛盾，生活平台随之丧失。

地方日常活动与传统节庆的范围缩小

2. 生活服务设施与公共服务设施需完善

鼓浪屿在以旅游服务业为主导的现状下，服务于本地居民的日常商业受到相应挤压。居民的日常休闲购物空间让位于旅游服务业，缺少生活服务空间，生活服务设施需完善。岛上因为自身历史及原有区级政府而保留有教育、医疗卫生、行政管理、公共服务等市政配套设施供居民和游客使用，其中医疗服务设施目前仅可满足居民的简单治疗、预防与保健需求。与高速发展的社会、经济需求相对比，鼓浪屿现有市政配套设施已经滞后，需要进行整体升级，以满足日常生活所需，恢复城市服务功能。

问题六：地方文化活动及传统节庆系统褪色

1. 以社区为单元的地方文化艺术尚未得到有效促进

天风海涛赋予鼓浪屿优雅的音乐情怀，岛上曾有一百多户音乐家庭，家庭音乐会是鼓浪屿非常独特的音乐活动。西风东渐，鼓浪屿与西方绘画同样有着不解之缘，有着林克恭、周廷旭等中国油画艺术的先驱和大批西洋画艺术家，同时中国传统书画艺术在鼓浪屿亦有大的发展。社区作为民众的温馨家园，也是城市的基本家园，社区文化的形成与发展是社区居民生活中所不可或缺的。现在的鼓浪屿尚未使这些代表岛屿品质与先锋性的文化艺术特征在民众的社区生活中得到发扬与延展。

2. 地方传统节庆文化系统退出日常生活

节庆在传统社会中具有重要作用，节庆坚守着地方的文化根脉，调节着人们的生活与生产之间的关系，维系着情感的交流与和谐，保有着人们与传统文脉的全部内容。一个区域的文化的退场始于人们对于文化习俗与惯例的淡漠，而节庆活动本身即是由生产、生活而来的习俗惯例，地方节庆文化系统中也包涵着诸多文化遗产。挖掘和恢复地方节庆文化系统对重构日常生活活力及延续地方文化传统具有积极意义。

问题七：缺少对鼓浪屿城市文化核心价值的认知和定位

多元文化的交汇互融，造就出具有浓厚的文化底蕴和艺术气息的鼓浪屿，它所具有的起伏有致的海岛地形，西方城市的空间营造，以及富有异域风情的建筑风格等，打开了人们丰富的遐想空间。鼓浪屿在历史进程中生成自身的特色属性。众多专家学者和行业精英都不遗余力地贡献出自己的智慧和创意，鼓浪屿拥有了“音乐之岛”“海上花园”“万国建筑博览”“钢琴之岛”“音乐之乡”等诸多美誉，它们也是多个范畴下对鼓浪屿的解读与定位，但都未能从整体上体现鼓浪屿的文化核心价值。鼓浪屿每年吸引着数以万计的游客，其中以国内游客居多，国外游客甚少，这并非是鼓浪屿的国际知名度不高、资源不足或能级不够高，更多在于形象定位不够清晰，在传播过程中叶缺乏规范性和有效性的传达与贯彻。核心形象定位不清晰，导致政策导向贯彻实施难度增大，难以对城市各领域展开合理分布及有机更新以实现开放活跃的发展态势。

第二节 文化核心问题

这座承载着浩瀚历史的岛屿在今天的主要问题，除了上述的现实问题以外，还有着其背后所独有的文化核心问题。这种文化核心问题更像是一种距离。那是这座岛屿疏远甚至阔别了自身的原初属性、本质特征之后，所浮现出的或词不达意或言之无物或似有若无，回溯却难以激起共鸣，展望却碍于表象关联。限制这种生长性的原因诸多，一个重要的内在原因，在我们看来，是与核心价值之间的距离，这在精神文化的绵延之中，尤为明显。

一、岛文化与海洋文化问题

岛屿作为自然属性，先于社会历史，屹立于鼓浪屿的发展之路上，在人们的社会生活中延伸出种种文化特质，岛文化与海洋文化便是如此，但却是其中最为具体可感同时也最具主题延展性的文化特质。

鼓浪屿汇集了海湾、滩涂、小半岛、礁石群、峭壁带等丰富多样的岸线形态；“山字型”的山体影响下的聚落形态由中心向山体以及沿海扩展发展；绵延的山势不仅使这里拥有很好的淡水资源和宜居的生活条件，同时也造就了鼓浪屿特色的蜿蜒道路形态；亚热带的海洋气候，通过繁茂多样的植被呈现于此，孕育出这里的人们热爱庭院生活和大自然的积极向上的性格；岛屿自身的水陆关系，使得上岛需乘海上交通工具，更提示着这座岛屿的地理形态；区位上与厦门岛及陆内其他区域发生的紧密关联，使它并非绝对孤立……诸多层面的地理特质共同呈现出这座岛屿的一种具体可感的岛屿性，人们以此感受到开放语境下的岛的心理构造，延展出多样的心理空间。然而，作为狭义的海洋文化载体的船舶和港口，其文化内涵却未被给予充分的显现与提升；岛屿的中心过于集中在内核，海岸线周边区域场所的亲海气质多处于睡眠状态；对岛文化和海洋文化的景观利用尚处于较为低端的层面。

从厦门本岛眺望鼓浪屿

从鼓浪屿眺望厦门

鼓浪屿这种契合海岛地理环境、自下而上、自然生长的城市肌理使其在世界城市化大潮中脱颖而出。然而，作为文化形态的岛文化和海洋文化，并不仅限于航运贸易、城市商圈、海洋文化遗存及其共同形成的海洋聚落形态，它所呈现的空间是物质空间与历史空间交织出的心理空间。“岛屿”不仅是一种地理特征，也在地域的文化生态与社会意义上呈现出多元社群和文化观念的独特性与关联性。鼓浪屿，拥有作为一个微型城市的相对独立性以及作为岛屿所展开的心理空间，这些都使它的岛文化与海洋文化更具延展意义，这种文化意义上的岛屿可以比拟为人文的高地——以自主生发于岛屿为前提，它可以是一种先锋实验、文化品格、思想风尚甚或是生活方式。

历史中的厦门港至今仍是活着的海洋文化聚落，实属难得。然而，对于岛文化和海洋文化的保护与合理利用，尚停留在本土渔港生活方式的保护与基础展示上，缺乏更高的海洋文化的国际视野。基于此，鼓浪屿应与世界范围内的遗产岛屿与特色岛屿，就历史现状与文化发展，构筑文化联盟，重新发掘与阐释岛文化中的文化内蕴、人文价值与特色岛屿文化，从岛文化与海洋文化发展的角度，打通心理区隔，构建多元文化融合格局和地缘共同体的发展新态势。

二、城景相依相融的双重性协调问题

鼓浪屿的发展，交织着“城市”和“风景”两条线索，从最初的无人小岛，到凭借岛屿独特风光与自身历史吸引城市居住与工商业大量发展，进而奠定了“城景相融”的特色风貌与格局。鼓浪屿作为国家级风景名胜区而具有景区属性，同时作为厦门市行政辖区而具有城市属性，而其自身资源禀赋和建设发展历史的紧密结合，使这两重属性相依相融，促生出岛屿独特的发展面貌。

“城景相依，景城相融”的特殊关系，在自然样貌与历史发展的变迁中，凝结为“城在景中，景在城中”的格局。从大的层面来看是鼓浪屿（景）与厦门本岛（城）的关系；从小的层面来说则是鼓浪屿作为城市辖区（城）和作为风景名胜区（景）之间的

城景相依相融的鼓浪屿一角

关系。这座岛屿，由自然环境和人文历史交织而成的微雕式风景和人文风貌内涵，使其成为厦门城市性质的特色标志，而厦门城市发展在二十世纪九十年代总体性质为我国东南沿海重要的港口风景旅游城市。对于作为厦门城市风貌与特质的重要载体的鼓浪屿，政府相关部门加大力度，在保护沙滩岩石与山体植被前提下大力开发自然观光型旅游业，在促进城市经济增长和提高城市综合效益的同时，也部分地扩大着城市的影响力。然而从小的层面看，风景区与居民区、观光与生活却呈现出诸多不协调，居民区基础设施薄弱，民宅破旧，人口拥挤，无关部门和机构驻守岛上占用大量土地空间。在发展旅游业的同时，也应看到，由于过多强调景区旅游功能与面向，这片土地的社区建设与人文延续日趋边缘化，这里的“雅居性”日益丧失，与人口问题相连的公共服务质量每况愈下，社区的衰败与空心化现象严重。

综上所述，强化景（鼓浪屿）在城（厦门）中的特色风貌与城市格局优势，通过鼓浪屿的城市发展，带动风貌建设走向独特化、单纯化、品质化，成为这座岛屿在现实发展中的必然之路。面对鼓浪屿历史发展形成的亦城亦景以及与厦门城市的相依相融的格局特点，对鼓浪屿采取完全的静态保护已然不符合历史发展趋势。加深对这座岛屿历史的全面深入认识，逐步激活岛屿的生活气息与生长方式，因而具有更多意义。就如同对鼓浪屿的历史风貌建筑的关注，不仅关涉这座岛屿的人文历史的保护发展，也关涉到岛屿的生长方式问题。将其作为居住和社区的功能还于这些历史建筑本身，可以成为对这些建筑生命最好的保护与延续方式，以生活与驻留于此的人们的日常生活实践，建立起人们与建筑与岛屿更为紧密的互动关系和相互价值。历史文化的物质遗存为居民的日程生活提供了想象与实存的空间；居民的日常生活则使历史文化的物质遗存拥有了作为“建筑标本”之外的活生生的内涵。对于鼓浪屿是发展以自然生态资源为主的风景名胜区，还是以人文环境为主的特色社区，任何片面强调某一方面或某一要素的观点，都可能使鼓浪屿失去较之于其他城市或风景区的不可替代性，因为“城景相依相融”的双重属性决定了鼓浪屿在地方发展中的最为重要的格局特色，而这种格局特色的丰富细腻、与众不同，在新的时代语境下的进一步延续与彰显，不仅有赖于对城景双重性的相互协调，更有赖于找到这种平衡下的岛屿自身的生长方式。

三、鼓浪屿的美学特征问题

谈到美学对象，通常会将重点放在对象本体、表现和审美过程等方面的研究。就鼓浪屿而言，那指向它丰富的岸线形态、“山”字形的山体、迷宫般的街道、中西交融的建筑、繁茂多样的植被等等，以及漫溢其间的审美经验与人文精神。然而，当我们进一步关注时，可以看到，鼓浪屿的历史不仅是时代变迁的见证，也体现着美在绵延与流转中的张力；而它反映着接受与传播、差异与变革意义上的物质实存彰显着这里的融合之美；区域上的岛屿属性与独立完整，使得这座岛屿即使在生产、政策、传播层面，也呈现出饱含艺术人文的综合之美。这些之所以可以被今天的我们看到、感受到，也源于支撑着它的是一种具有自身独特丰富性的美学关联。这种美学关联体现在这座岛屿的美学意义与社会生活之间。

鼓浪屿的诸多现象呈现出具有区分性意义的共性特征，那是在社会互动中的开放性和在岛屿生活中的艺术性。这不仅体现在对差异文化的融合互动与对岛屿生活的审美经验上、在漫长的历史中，更体现在将这种社会互动中的开放性和艺术性持续聚集和扩散的文化自觉力上。这促使它在历史进程中得以筛选积累下来诸多的表象形式，不断诱发出社会性样式，通过文化自觉的聚散联通，这种逐步生成的社会性样式，作为一种城市样式，向文化生活现象总体延伸，从而在整体气息和多维度上构造着这座岛屿的特性与发展潜能。

因而，鼓浪屿在多维度上的美学关联构成岛屿的美的差异性特征（美在差异中来呈现这正是当代美学的一个重要特征），而鼓浪屿最为持久而深入的美学特征，实际体现为一种关系美学。鼓浪屿的关系美学，不限于美的知识和形式的自闭式象征意义，它已然化为这座岛屿在文化上的自省自觉的聚散力，进而渗入成为足以生产关联的社会性样式。对这种社会性样式作为城市样式向文化生活现象总体延伸的关注，将使得鼓浪屿在文化发展与社会生活中获取更多意义与可能，在漫长的时间中，为地方文化核心发展，构建出本质性的生长意义。

茂密植被与特色建筑相映成趣的鼓浪屿，人们生活于此

3

第三章

“这座岛屿拥有哪些可能性方向？”
鼓浪屿文化核心价值与发展方向

这座岛屿的诸多特征与价值，在一个含有我们的人文理解与生存意识的空间中的多元共存，是多么繁复而具体，这诸多价值中，核心价值作为最为本质的价值理念而提供了区分性。鼓浪屿的人文特征指向为多元价值并存，呈现为地方性与国际性的历史拼贴。在普遍性意义上，和诸多地区一样，鼓浪屿拥有往昔的辉煌和现今的无奈。在旅游大发展面前，它正从一个有效的文化历史生产者逐步转变成被观看、被陈列的对象。然而，这并不能打消掉它自身的特殊性：一方面，鼓浪屿既是景区又是社区，尚具文化生产的潜力，它的历史魅力在今天仍具备时代价值与亲和力。另一方面，鼓浪屿具有地域城邦性：相比天津、大连、青岛、上海租界的历史往昔与如今的现代化形态之间的距离，鼓浪屿依然保持着接近当初原貌的城邦型建筑肌理和生活状态。封闭与开放的城邦性，空间形式的多样性，以及生活样态的复杂性，使鼓浪屿成为历史文化与城市建设的完美结合。

第一节 文化核心价值

在第一章节，在历史维度中我们看到鼓浪屿的阶段性特征以及它所呈现的这座岛屿在历史维度的国际性。区域维度描述了鼓浪屿在不同的空间区域中分别承担的角色，岛、城、湾、峡、洋的不同身份所具有的区域资源优势，使这座岛屿本身就具有城邦性的城市形态。物质维度，通过鼓浪屿的区位、植被、海岸线、山体地势等层面的特质，呈现出这座岛屿作为一个微型城市，所具有的人性化的生活空间以及在物质维度中的相对独立性。文化维度分析了鼓浪屿的海洋文化、闽南文化、延平文化、台海文化、宗教文化、侨乡文化、南洋文化、西方文化、建筑文化、艺术文化的文化形态，以及不同文化的交融所形成的鼓浪屿丰厚的多元文化底蕴和艺术气息。政策维度，呈现了鼓浪屿在不同历史时期的的管理机构意愿的转变，以及在鼓浪屿的历史、文化和民众生活层面政策所呈现出的探索性。产业维度分析了鼓浪屿公共地界时期和现状条件下的产业构成和产业运行机制，产业对于文化的支撑作用，以及鼓浪屿当下单一的产业模式及其带来的失去鼓浪屿自身稳定内核的危机，而可游可居的两相结合，将促进鼓浪屿文化的发展和人群素质的培养，强调鼓浪屿在产业维度中具有历史渊源和发展潜力的游居性。传播维度是鼓浪屿影响力的具体生效方式，反映着岛屿的外部形象，将鼓浪屿作为一个对象城市，比较其社会状态与传播效果之间的差异，呈现出受众对鼓浪屿的期许，在传播维度，鼓浪屿不应仅仅是一处风光地，它也代表着一种悠闲的生活状态，一种诗意地栖居。

鼓浪屿的人文特征源自于它的文化地理特征——地理的封闭性和文化的开放性的戏剧性的天作之合——因而形成了独立完善的地方文化自主生长的相对完整的机制。因此，这座岛屿在历史进程中所彰显的传统意义上的文化核心价值正是它在文化上自省自觉的超级聚散力。以此为根基，鼓浪屿在这个时代的文化核心价值，从上述七个维度中走出，它们是——历史维度的国际性、区域维度的城邦性、物质维度的独立性、文化维度的艺术性、产业维度的游居性、政策维度的探索性以及传播维度的诗意性。

第二节 触媒效应

触媒效应旨在强调效应的涟漪以及对此的有效运用所能展开的广阔意义。我们在这里提出在这座岛屿上有着渊源与投射的触媒效应——互动效应、镜像效应、客居效应、亲海效应、浮城效应、梦岛效应——正是在与鼓浪屿的自身属性特征进行对话的过程中所建立的。

一、互动效应

互动是一种相互使彼此发生作用或变化的过程。鼓浪屿应在历史情境、内部结构、区位战略形势中建立互动关系，实现在各层级的良性的区域共振和互动效应。从历史中寻找源点且不拘泥于历史本身，既是动态历史观的观点，同时也是这座岛屿同自己的往昔与未来的对话。城市内部结构是复杂的系统，内部结构的互动需要启动原动力，重新排列组合，提升各要素间的关联性，形成良好的运作机制。区位上，鼓浪屿与厦门本岛在地理位置上隔江相望，在历史上形成双生关系。

鼓浪屿与厦门本岛隔江相望

公共地界时期的国际化使鼓浪屿发展成为厦门最西化、最先进的地区。现今的厦门在不断扩区的城市化进程中发展成为海湾城市，鼓浪屿在发展中的大厦门的参照系中逐渐缩小。然而，从历史渊源及空间关系来看，鼓厦密不可分。在历次发展阶段中，两者互相依存，互相影响，呈现出联动共生的双螺旋式关系与给力借力的摆锤关系的互动模式：一方面，时空关系的积淀赋予鼓厦各自不同的承担；另一方面，厦门蓄力愈足，鼓浪屿才会被震荡得愈高、愈远，才能制造出一个新的文化高点和发展支点来反向带动厦门。对于这种互动生发的关联，我们认知与理解得越是充分和深入，将会越好地实现鼓厦共荣，海陆共生。

二、镜像效应

镜像效应，作为一种吸纳与折射的效应，趋向于精神性，包含镜面式的吸纳与棱镜式的折射：镜面几乎没有厚度，却可映照大千世界阖合之物，把各种占据立体空间的实存吸纳其中；棱镜引光线穿越其间，折射之后形成奇异的光芒。

它吸纳万物却不需支出具体的空间容量，源于现实却折射出超越外在现实的精神特征，它通过非物质形态的对实存的再现，达到对其精神性的回应与强化。从镜像的总体结构而言：鼓浪屿作为一个微型的社会景观，麻雀虽小五脏俱全，是社会结构的镜像；从镜像的表层结构（物质）层面而言：鼓浪屿的万国建筑博览反映着世界文化，建筑风格构成可归纳为双重折衷和中西合璧；从镜像的深层结构（精神）层面而言：在这里，文化的再生产呈现为通过文化艺术源于现实又反作用于现实的镜像途径，超越岛屿有限的物理空间，绽放其精神层面的内涵。

在历史发展进程中，鼓浪屿以镜面的方式，对各种进入其间的事物与现象的吸纳，累积形成了鼓浪屿多元的文化状态。多元文化之间的相互映照又避免了单一形态。我们面对鼓浪屿的多元的历史文化资源，应认识到以镜像效应促生的文化再生产，对鼓浪屿的文化重启方式所产生的巨大支撑作用，以及由此展开的文化生态与生活格局。

三、客居效应

相对于原住地的居民，外来人群称为“客”，这些人群居住下来，称为“客居”。

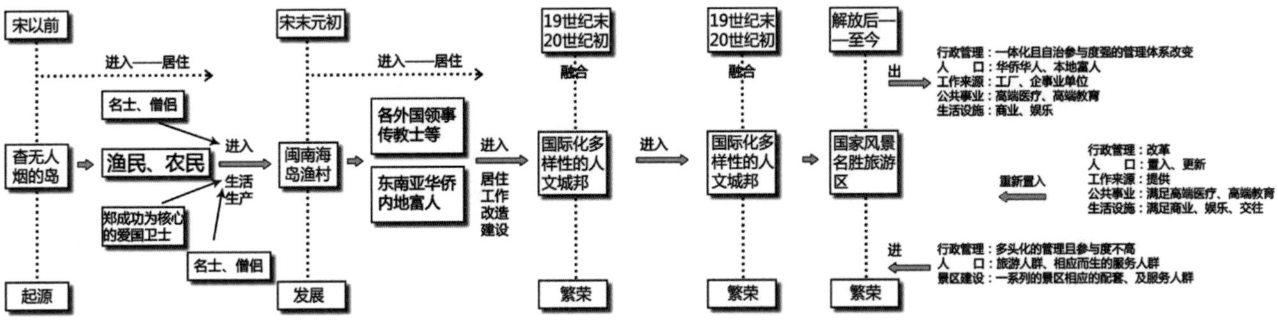

客居是人的流动模式，在体现人口的集散关系的同时，客居者带来的源自各地的文化生活状态，在相互间的交融碰撞下逐步形成自身的客居文化。

在历史上客居人流的多元互动之下，鼓浪屿形成了独特的人口集散关系，处在“集”与“散”的交汇点。客居是鼓浪屿在自身发展中积淀的特色的生息状态，代表了鼓浪屿对各文化背景群体的开放，以及对多结构人群的吸引力。鼓浪屿的华洋共建史奠定了它独有的客居式的相生、相安传统。客居者带来的先进技术和有效管理机制也推动鼓浪屿步入黄金时期。

新时代的客居文化的形态面临新的转变，客居在新时代的建立依托于自身的历史条件、区域条件、开放的多元文化背景、优越的基础设施以及其所适应的政策指引。另一方面，新的客居模式也应建立在技术、时尚、先锋、开放、面向未来的基础之上。对客居效应的深入理解和充分把握，将会激荡出根植于这片土地的人文精神与新时代的先锋文化思想的交融共生，共同构成生活在精神层面的归属地，指向客居的高端样态和多人群的美好生活。

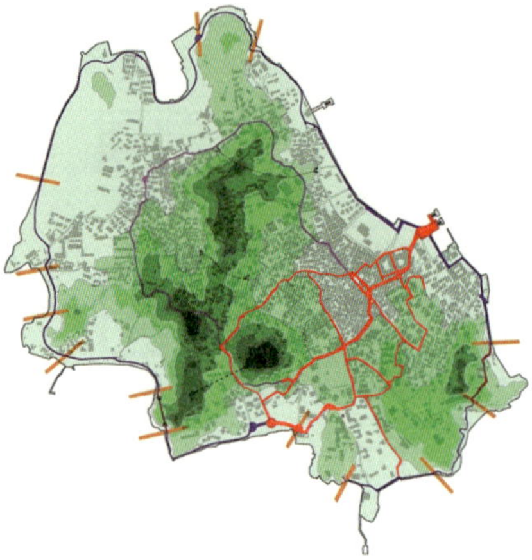

从鼓浪屿眺望厦门本岛环岛区域

四、亲海效应

亲海性是海岛的岛屿性的重要特征，为感知者提供心理的过渡与延展空间。鼓浪屿的亲海效应的生发有赖于鼓浪屿自身，也与对岸的厦门本岛环岛区域相映成趣。

厦门环岛路目前尚未实现真正意义上的全岛环通；各区段虽各具特色，但只局部得到较好开发利用，未形成主题性支撑；向外未形成充分的滨海带，向内未与岛内建立明确关联。鼓浪屿岛内道路呈现内、外环结构，内环交通利用不平衡，局部拥堵，大部闲置，人流分配严重不均，岛屿西北部内环交通量大大低于东南角；多数人上岛之后直接进入龙头路片区，人流进岛造成局部拥堵问题；目前这种“上岛入城”直接进入岛屿内部的现状，并未体现出海岛的亲海性，海岛特征与受感知度在某种程度上呈现弱化或消失的状态。

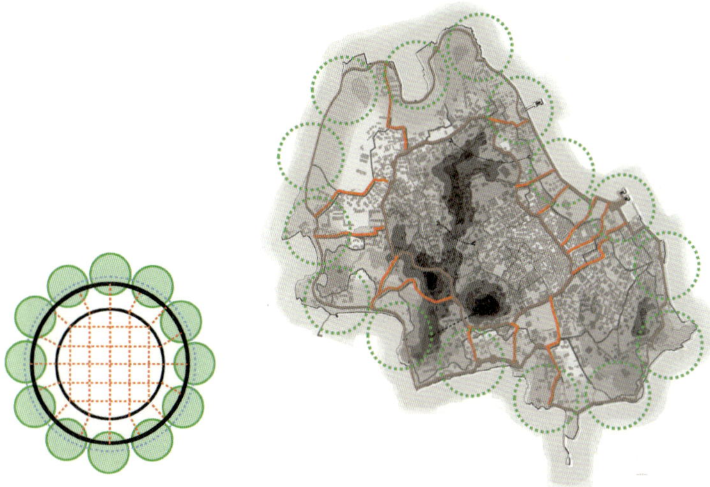

岛屿内部

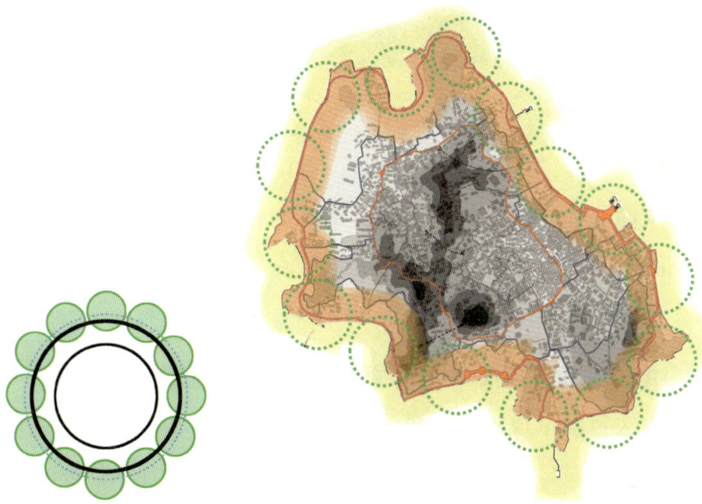

滨海环岛区域

滨海环岛区域层面，为突显岛屿的亲海气质，可通过场地梳理，疏通环岛路，以此为核心，向岛内延伸形成腹地，向外形成滨海区域，构造带有一定内容与厚度的环岛滨海带；在滨海环岛区域，通过对原有的功能分布与总体气质等分析，划分出不同区域，置入不同主题性内容和支持性内容，以激活环岛滨海区域。鼓浪屿岛内层面，

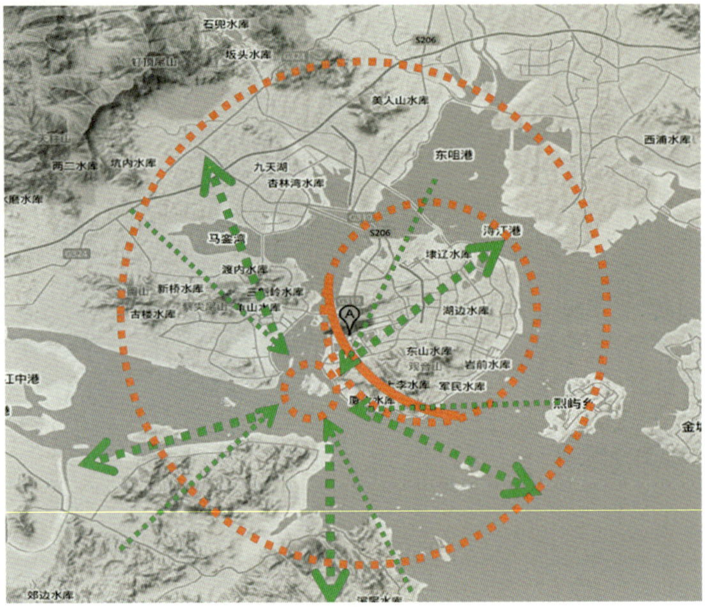

岛屿外部的海湾周边区域

对于内部世界，环岛区域的激活，可以疏通岛内人流，缓解局部拥堵的状况，把人流从拥堵高峰处，通过内环连通道路引向外环，以激活内环交通，理顺岛内的道路网，并在路网的交叉口形成不同的区域节点，道路系统在视线上或结构上与海直接发生关系，形成一个全岛覆盖的有机网络。

厦门本岛环鼓浪屿周围需建立起更好的视线联系及意义构造，与厦门本岛、厦门乃至更大范围形成映射。对于厦门本岛而言，一方面，应着眼于激活环岛区域，使鹭江两岸形成良性互动，强调海岛地域特性，构造良好的视线对望关系；另一方面，比起直接的经济贡献，鼓浪屿的自我完善，发挥鼓浪屿的精神文化龙头带动作用，将赋予厦门本岛更多机会，得到更为深远的发展。

五、浮城效应

浮城是鼓浪屿作为海岛特有的感官提示，其形象如同上帝的方舟沉浮。它总体的

1938 年拍摄的轮渡码头

空间肌理独立于周边地区，这是一种契合海岛地理环境、自下而上、自然生长的城市肌理。这种在 20 世纪初公共地界时期基本成型的空间结构及建筑的独特生长形态在世界城市化进程大潮中脱颖而出，犹如海上浮城。

鼓浪屿拥有相对独立的世外桃源式的环境，具有一定的围合封闭性；但又因其亲海性，在岛文化的特质下生发出更大意义上的开放，岛屿不同于陆地上的封闭村落，航海使其指向更为遥远的所在。鼓浪屿的肌理与厦门的城市肌理呈现出完全不同的面貌，单体构成与总体布局也显示出各具特色的差异性。正是这种相对独立却相互关联的关系使鼓浪屿充盈着中国传统的戏曲审美，有着似断非断、欲罢还休、雾里看花的韵味。鼓浪屿别具一格、自下而上蔓延的城市形态，与之相应而生的乌托邦式生活状态，以及其文化思想上享有的特殊自由传统，在相互催生中，造就了历史变动中独树一帜的文化浮城。自然生长的空间肌理、封闭开放混成的特质、与厦门既疏又紧的区位关联、自由开放的生活状态是鼓浪屿的浮城样貌的重要构成，它们共同指向文化形态和生活形态上的自由与开放。

六、梦岛效应

这座岛屿的独特肌理和文化历史渊源的叠合导向了一套异质混成的造梦可能——梦岛情境。鼓浪屿曾经离我们很近也曾经很远，正是这种忽远忽近的关系使鼓浪屿既在矜持间弥漫着那份雅致，又在沉浮中散发出生机，“远”得令人流连忘返，“近”处却又恍如隔世。在鼓浪屿的巷中、坡上、楼前，时空、主客常常显得重叠交错、若即若离。鼓浪屿总体的空间结构和建筑形态共同营造出这份诗意梦绕的氛围，另梦岛情境的塑造充满可能性。

鼓浪屿具有建构情境的魅力与潜力，大凡去过鼓浪屿的人多不会否认这一点，物理空间带来的赏心悦目，加之人文气质的熏陶，给它披上了迷蒙的面纱。步行岛所

日落时分的鼓浪屿

带来的漫游，忽上忽下的巷子，榕树的气生根，有着奇花异草的花园庭院以及与主体城市既近又远的迷离关系……诸此种种都使鼓浪屿漫溢出迷宫般的气质和梦境般的诗意。以不足二平方公里的物理空间为边界，鼓浪屿的建设量相对有限，况且岛屿建设几近饱和状态，然而，梦岛情境的构建却可以超越物理空间的局限性，犹如放大满溢的诗意，铺展开无限的绵延，在实现对日常生活的恢复之中，展开梦岛情境的建构，展现鼓浪屿本身就具有的梦的潜质。

鼓浪屿的角落漫溢着的梦岛情境

第三节 发展方向

一、四个发展方向

华洋共荣的文化多元之岛

雅俗共赏的生活品质之岛

四个发展方向

虚实共生的艺术体验之岛

山海共存的环境和谐之岛

遗产之岛：
以平衡的理念、综合的机制、
有效的手段，重塑多元文化生态

宜居之岛：
以日常生活的精神性复苏，促进岛屿品质生活

艺术之岛：
以艺术活动的品牌建设，
重构岛屿文化凝聚力与国际知名度

旅游之岛：
以多样性的综合体验拓展，
提升旅游业文化魅力与综合效益

二、一个艺术人文的类城邦

（一）艺术人文类城邦的双重性意义

城邦文化在世界城市史、文明史上具有非常重要的作用，历史进程中诸多重要的思想节点都和城邦文化直接相关。城邦文化对地方文明做出了非凡的贡献，欧洲历史上重要的城邦时期所形成的如古希腊时期的城邦（如雅典、斯巴达）和文艺复兴时期的意大利城邦（如威尼斯、佛罗伦萨），也都是欧洲文明的发源地和人文高地。

城邦是一个自组织系统，具有自身的目的性和实现这一点的能力。这个实现须具备相应的条件，城邦的自足性就体现在其本身就具有实现自身目的的条件。城邦文化塑造了一个城市持续发展的基础，形成其最初亦或是最典型的面貌，涵盖了一个城市生存的诸方向上的条件。厦门鼓浪屿本是一个闽南传统渔岛，独特的地理区位优势和历史机缘使其在20世纪30年代左右基本形成今日的鼓浪屿样态。鼓浪屿内在的文化状态和生活形态，在动态历史观的视野下，与城邦文化具有相当程度的可比性。这种可比性，我们称之为类城邦。

这里所言说的“类城邦”的概念，可以被认知为具有城邦的自治性和作为独立体的特性。这两点在鼓浪屿各纬度发展历程上得以体现，并在文化层面获得完整性、自觉性、独特性的统一，继而在如下两重意义上得以展开：一方面，在城市生长的角度，类城邦指城市反映出来的城市生活形态和文化上的高度自治意识，鼓浪屿的人文特征源自于文化地理特征——地理的封闭性和文化的开放性的戏剧性的天作之合——因而形成独立完善的地方文化自主生长的相对完整的机制；另一方面，在特性与共性的意义上，类城邦是一个独特性显著于共通性的一块由特性垒砌的高地，作为一个有独立性和归属性的结合体，相较于通常的行政区域划分，类城邦更多强调具区分性的特性，鼓浪屿的价值以其在历史进程中的特性而凸显于普遍性之上，七个维度上的特性互相关联作用，在新的时代，将呈现为新的图景，进而使得这座岛屿的文化自觉力在实践中获取新的精确性与意义。

19 世纪 80 年代从升旗山看鼓浪屿

因此，这座岛屿的文化核心价值正是它在艺术人文上自省自觉的超级聚散力。这种聚散力关乎岛屿的本质发展，在七个维度的特性上得以彰显和延展，它们即是——历史维度的国际性、区域维度的城邦性、物质维度的独立性、文化维度的艺术性、产业维度的游居性、政策维度的探索性、传播维度的诗意性。鼓浪屿的文化核心价值与七个特性，共同指向鼓浪屿在新的时间经验下的时代定位，我们将它锁定为——“艺术人文类城邦”。

（二）艺术人文类城邦的生活状态

作为城市生活形态和文化上的高度自治意识，类城邦不在于物质空间的大小，而是其状态上的正确性提供了潜藏其中的无限意义。它的这种空间肌理的独立性以及单体面貌相似的差别性促使其具有了人类最高意义上的生活方式：类城邦生活形态的可能性。这个可能性使鼓浪屿类城邦生活形态的塑造有了可能，甚至是必须的。刘易斯·芒福德在《城市发展史》中对雅典城邦时期的描述：

20世纪30年代初从日光岩俯瞰鼓浪屿—厦门风光

城市居民的生活从未像我在上面所简述的这个时代中这样充实而富有活力，如此丰富多彩而又健康有益，它从未像这样少受外来作用的侵扰。工作与闲暇，理论与实践，私人生活与公共生活，都很有节奏地交替着；艺术、体育、音乐、交谈、思索、政治、情爱、冒险，以致战争，打开了生活的每一个方面并使之包括在城市本身的范围以内。生活的各个部分相互融合，没有任何一部分是隔绝孤立的、被垄断的，或被弃之一旁的……

我们对类城邦的比拟关注于对鼓浪屿的生活方式、生活形态的塑造与恢复。这种恢复与塑造并不意味着回到以往的生活中去，而是需要重新思考在城市生活形态和文化上的高度自治意识与思考生活的方式。我们对鼓浪屿类城邦生活形态的塑造的思考将延续下面的线索展开，它们是日常生活的恢复，地方生活价值的重建，社会生活的营造，节庆的精神性复苏，居民的参与，政府引导下的自治组织。

1. 日常生活的恢复

日常生活是构成整个社会关系和社会结构的一种基础性领域。马克思、恩格斯认为："日常生活"构成"世界的、个人的全部活生生的感性活动"，应当从日常生活出发实现人的全面发展，并将其视为社会生活的微观基础。日常生活反映个体真实生活的存在，从这种最平淡无奇但又与人形影相随的生活中寻求一种城市分析模式应当是最有效的。恢复鼓浪屿被一味的经济建设所冲淡的日常生活，使悬置的生活重新落地。日常生活是具体事件，而不是表演。列斐伏尔《日常生活批判》引发了西方社会和人文学科理论范式的重要转向，也由此使建筑和城市规划视野开始拓展到日常生活领域，"使日常生活成为艺术"。鼓浪屿的日常生活应是富有"生动的态度和诗意的气氛"。

2. 地方生活价值的重建

我们认为核心的东西，是建立地方生活的价值，帮助恢复生存应有的地方自尊，重建地方的自我意识和城市人格。鼓浪屿应有的地方自尊的恢复，需要从人们对城市生活的自足而来，有自足才有自认，才有自识和自造，才有城市集体精神的诞生，才有城市及其品格在时空中的持续演进。

3. 社区生活的营造

社区是精神、文化归属感的共同体，社区精神的唤醒和社区生活的营造，需要确立其领域的归属感和认同感：开放的公共空间、在场所的塑造上提供交流的可能性、偶遇的惊喜等等。社区生活营造，保存了居民的集体记忆，包含了共同的生活经验和集体的劳作，提供了人们对明日城市的想象。

4. 节庆的精神性复苏

节庆是以特定主题活动方式，约定俗成、世代相传的一种社会活动，呈现出日常生活的奇异性，指出人们熟悉现象中的矛盾时，顺便也就揭开了日常生活的平常与超常。节庆能够使人回复到前现代社会那种人与人性和自然快乐交流的状态。本真的节庆活动的复兴解决了游戏与日常生活的冲突，标志着人类异化的超越和民众庆典精神的复苏。鼓浪屿节庆的恢复有助于社会传统精神的延续。

鼓浪屿的节庆活动

5. 居民的参与

鼓浪屿的居民与鼓浪屿的变化密切相关。地方的魅力其实要归于这些深以自己所居地为荣、爱惜这些地方的人们的魅力。对居住之地的热爱，居民的参与意识，具有无限的能量和凝聚力。在这里心满意足的生活栖居，也是在鼓浪屿居住生活的人所面临的生活课题。

6. 政府引导下的自治组织

政府引导下的自治组织，可以有效发动居民参与的热忱，保存地方特色，塑造聚落形式，改善生活环境的品质。关注关心鼓浪屿发展的诸多社会性与专业性群组，作为民间的自发组织充分反映了鼓浪屿人的自豪感和责任心。中国美术学院鼓浪屿艺术研究院的设立，希望通过自身的品质追求、专业优势、文化影响力，通过参与文化发展决策与一系列项目的带动，将成为政策与民间沟通的纽带。这种“自治”是对自我生存空间和环境的认同和维护，表现了地方社会的活力与自我组织的能力，更是经济全球化发展下，地方得以自主生存，显现区分性的重心所在。

4

第四章

“这座岛屿可以拥有怎样的可能性构建？”
鼓浪屿艺术人文类城邦的构建路径

第一节　艺术人文类城邦的路径方向

一、人流空间的复合疏解

人流空间的复合疏解旨在岛内空间的平衡发展。在这个方向上提出诸如发展月光经济的时空疏解建议，增设游船码头和多类航线的海上疏解计划，发展对岸和厦门港湾城市其他区域吸引力的岛城联动建议等，并针对人流控制方式问题，探讨分区控制人流的可能性，比较采用预约制和高票价制的利弊。

二、文化传统的内涵提升

文化传统的内涵提升，主要针对鼓浪屿的国际性、艺术性、游居性的特征。提出诸如博物馆整治、历史核心要素点活化、社区建设、文化链接等设想方案，以提升饱含历史的鼓浪屿的文化传统内涵，传达历史感，并关注居住和旅游的矛盾，以期达到和谐共处，营造多种文化复合的岛内艺术文化生态。

三、文化创意的产业培育

文化创意的产业培育方向，旨在提出鼓浪屿的创意产业应该以结合并提升现有的旅游业发展作为主要方向。进而提出买于鼓浪屿的情景商业，会于鼓浪屿的体验旅游，学于鼓浪屿的深度旅游，并提出打造艺术西岸，改造建设集体验式场馆、艺术学习机构、艺术表演场所和艺术特色餐饮酒店等功能于一体的国际化艺术体验区的计划，成为疏解老区人流，带动产业更新的一个亮点项目，从而整体带动、构筑鼓浪屿的艺术生活版图。

四、文化遗产的环境保护

文化遗产的环境保护，旨在强调在保护鼓浪屿历史遗产风貌的前提下，重点在环境品质和环境和谐上的相关实践计划构想。针对鼓浪屿的辐射地带基本仅集中在旅游景点的花园环境现状与部分街区色彩突兀、传统元素沿用不当的建筑色彩现状，提出含有鼓浪屿色彩控制系统在内的鼓浪屿海上花园环境计划。

五、文化活动的活态促进

文化活动的活态促进，在于建立和人的直接对话，这也是它可以存在于各时代的重要原因。在这个方向，提出了标志性的高点活态促进、日常性的常规机构活态发展和对此的特色体验路线。这之中的高点活态意在构建文化社会性的新模式，它将集艺术节、流动美术馆、虚拟社区于一体，打造真正意义上的不会闭幕的艺术节，成为地方文化生态的持续力量。对于日常性的常会机构活态也提出小型化、多样化、特色化、品质化、常态化的原则，并注意与厦门城市的互联互动。

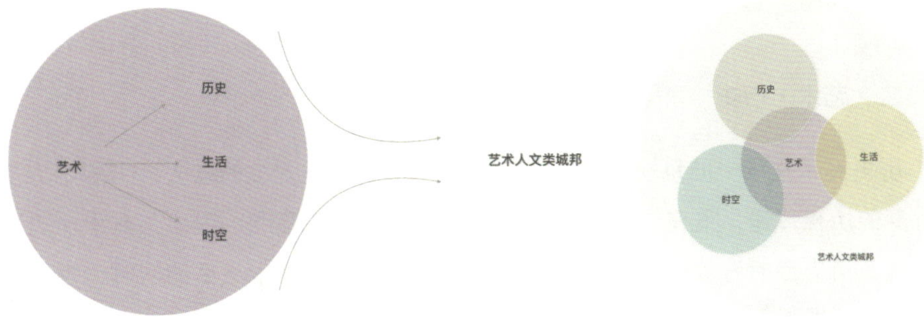

第二节　艺术人文类城邦的可能性构建

一、一种可能性的三个维度

我们在构建这样一种可能性时，一方面，就像我们可以创造它，通过创造它而表达生活于此、感知于此的我们自己，所以，这种构建是一种表达；一方面，我们在现实的各个维度中不断探索和考量它的可能性，所以，这种构建也是一种梳理；最后，我们通过创造它而创造着某种存在，对岛屿，对自身，所以，这种构建更是一种存在的生成。

在这样的思考下，在五条路径方向的区分性指引下，艺术人文类城邦的可能性构建在三个维度展开，它们是——历史、生活与时空。在历史维度，艺术，在这里，作为历史的独特传达方式，彰显历史遗存的层级与厚度，以艺术的思维、敏锐及想象力，传达游走于陌生化与共鸣感之间的历史感；在生活维度，艺术可以成为一种生活方式，一方面以艺术的品质追求建立现今岛屿生活的结构网，一方面以直观可感的视知觉体验回应人们最为质朴的对美好生活的向往，以艺术的文化活态的高点展示先锋性，配套常规机构展演形成文化活动的活态促进，提升岛屿生活的文化自觉，使人们感到他们或曾经、或正在、或希望生活在此处；在时空维度，艺术展开了梦想与现实之间的时空转换，既有对人流控制的现实的解决性建议，同时在释放着感知者的体验与想象，关乎时间、空间与梦想，毕竟有些代表人的内心的价值，是属于梦想的。

二、艺术·历史

历史展示领域中的每一步都在告诉我们：历史不是无关的过去，它的魅力不仅在于自身的历程传递，更在于其饱含的人类文化、智慧与尊严。因而，对于历史遗存展示而言，历史感的有效传达至关重要，在唤醒并强化人的历史感的同时，也将为人类的未来创造埋下灵魂的种子。

我们无法走进的，终将被视为景观，面对丰富的历史遗存，我们如何走进它？走进历史是美好的愿望，实现这一点却需要深入的思考与度量。艺术可以作为历史传达的一种独特方式，我们想要做的是告诉人们，通过这么做，你认识了历史和自己。那么如何做？——将历史展示生活化，这需要艺术的思维和想象力，并且在严谨与专业的前提下，打开层级、彰显厚度。历史，毕竟也是人类曾经的生活，只是在另一个时间维度。将具陌生感的历史以当代人们能够接受的方式做以传达的良性考虑，是历史与当代人之间的沟通桥梁。将历史文化生活化，生活化的不仅仅是互动展示方式，同时也是历史文化遗存的活化，将其还原于社会，保持其有机更新与活态应用的同时，也是对历史遗存进行的最具生机、最为持久与有效的保护。

在这样的思考下，我们以全岛开放博物馆体系、可浸入式历史展示计划以及历史要素点片区活化对构建艺术人文类城邦的艺术历史可能性方向提出下述一些构想。

（一）全岛开放博物馆体系

全岛开放博物馆体系是对文化遗产地各种文化资源的一个全面的保护和展示方式，包括：整治传统博物馆、完善主题博物馆、设立社区博物馆、营造遗产展示体验带、体系的基础建设及文化遗产的虚拟展示。

1. 整治传统博物馆

整治传统展馆旨在促进鼓浪屿展馆精品化。一方面，明确展陈定位、充实展览内

容、提升展示形象。改造提升展馆展示与保护专业条件，以更为关注展品自身的原则，对珍贵展品选择对应的展示方式，彰显展品自身的文化属性和历史价值，针对鼓浪屿各种历史人文遗产和自然遗迹，尝试新形态的展示手段，进行原生态的综合展示。新形态公共艺术展示对文化遗产的良性互动可增加遗产要素的推广与宣传，也会反映出一个城市形象的开放度、包容度。

2. 完善主题博物馆

完善“主题博物馆”为“全岛开放博物馆”体系的核心。以美领馆、日领馆为鼓浪屿整体展示的两大主题系统（文化属性、历史属性）标杆，对接国际与地方；结合钢琴博物馆、风琴博物馆、杨家园（家族博物馆）等，打造鼓浪屿特色主题博物馆。完善主题博物馆系统，带动多层级展示系统，打造全岛开放博物馆体系的高点。

鼓浪屿风琴博物馆

杨家园建筑外部

3. 设立社区博物馆

“社区博物馆”之“社区”针对“社区计划”而言，以“国际社区”“艺术社区”两大计划为先行构想，综合性展示社区文化的整体生长。强调鼓浪屿文化的内涵提升意义，而非级别限定。以杨家园为例，适合定位为家族博物馆，从个体的微观历史的角度，重述其时代语境，展现南洋华侨、南洋文化对鼓浪屿发展的深度影响。取点家族博物馆，呈现微观历史，注重建筑原有内涵，强调人文脉络。一方面，将其作为南洋历史文化具有代表性的展示窗口之一；另一方面，将其作为鼓浪屿具有主题性质的微观历史展示的代表。

4. 营造人文艺术体验带

将鼓浪屿历史核心要素点中选出的首批历史活化对象，与整体规划中的代表性片区相整合，形成遗产展示体验带。启动点、线、面整体架构，在此基础上形成全岛三大文化遗产圈层。遗产展示体验带的打造结合周边要素点的更新将推动岛内形成三大文化圈层，展现岛屿的认知与发展构成：鹿礁路片区的“万国文化”，龙头路片区的“创意民生”，鼓新路、笔山路的“人文艺术”。形成岛内三大格局，相辅相成，更新带

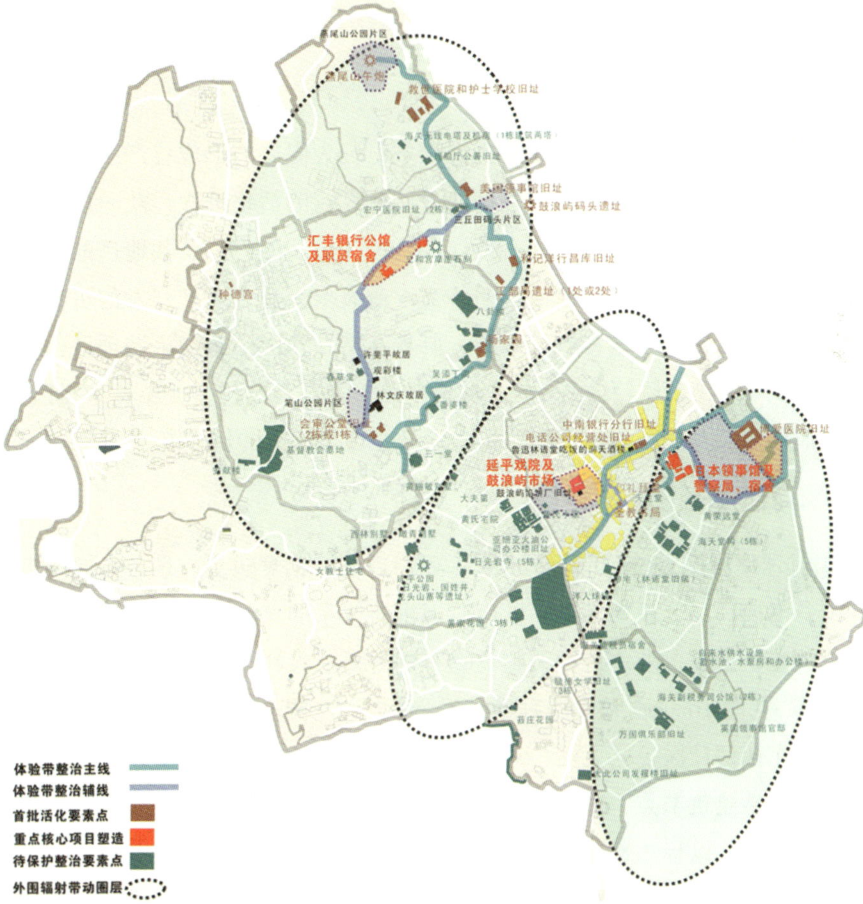

郑成功水操台遗址

鼓浪屿燕尾山炮台遗址现状

教会墓地

动岛内文化、商业、旅游、产业等各个链条。三大圈层的形成将产生连带效应，在圈层的总体格局下，有效推动尚未整治的遗产要素点的活化进程。从一口社区古井到一处战争碉堡，从一棵百年榕树到一处洋人墓地，众多的户外公共遗产散落在鼓浪屿岛上各处，在空间中同时相伴着故事的传播。最大限度整合遗产开发的可能性，以试点项目逐步打造鼓浪屿开放博物馆系统。要素点结合片区已有的旅游项目，将形成全岛旅游新板块。博物馆体验线路、风土民俗线路等都将在这种多元结构中得以逐步呈现。届时鼓浪屿旅游可呈现游客根据停留时间自主选择搭配的情形。

5. 体系的基础建设

①梳理建设两大疏散广场，即艺术西岸广场、钢琴码头广场。鼓浪屿需要为码头提升配备专属广场，疏散客流，以应对博物馆体系的庞大动态客流；同时对广场范围内的相关建筑形态、业态进行调整。②有机更新三大社区的中心小广场，即种德宫小广场、街心花园小广场、协和礼拜堂广场，将街心花园小广场开辟地标性“城邦广场”，同时组织东西两社区公共生活，对该范围内相关建筑形态、业态进行调整。③品质打造四处标志性建筑节点，即八卦楼公共节点、安献堂公共节点、三一堂公共节点、音乐厅公共节点，以标志性建筑为岛屿节点，串联于社区博物馆系统内，同时起到人流集散作用。④人性设计六处内环疏散节点，即福州路广场、复兴堂广场、马约翰广场、西林路广场、康泰路广场、鼓新路广场等内、外环道路连接的节点，兼具导视意义，实现内外环的人流交换。⑤修缮和整治十一处纪念性场所与精神性空间以宗教场所区域为辐射中心，对周边街区进行梳理，置入文化、艺术、休闲产业，使纪念性场所、精神空间与日常生活重新得以关联，形成具有开放、汇聚、疏散作用的公共空间，同时作为潜在的生态博物馆打造区域。

两大疏散广场
社区中心小广场
标志性建筑节点
内环疏散节点
鼓新路广场
艺术西岸广场
种德宫广场
八卦楼公共节点
康泰路广场
福州路广场
钢琴码头广场
安献堂公共节点
三一堂公共节点
街心花园小广场
复兴堂广场
音乐厅公共节点
西林广场
马约翰广场

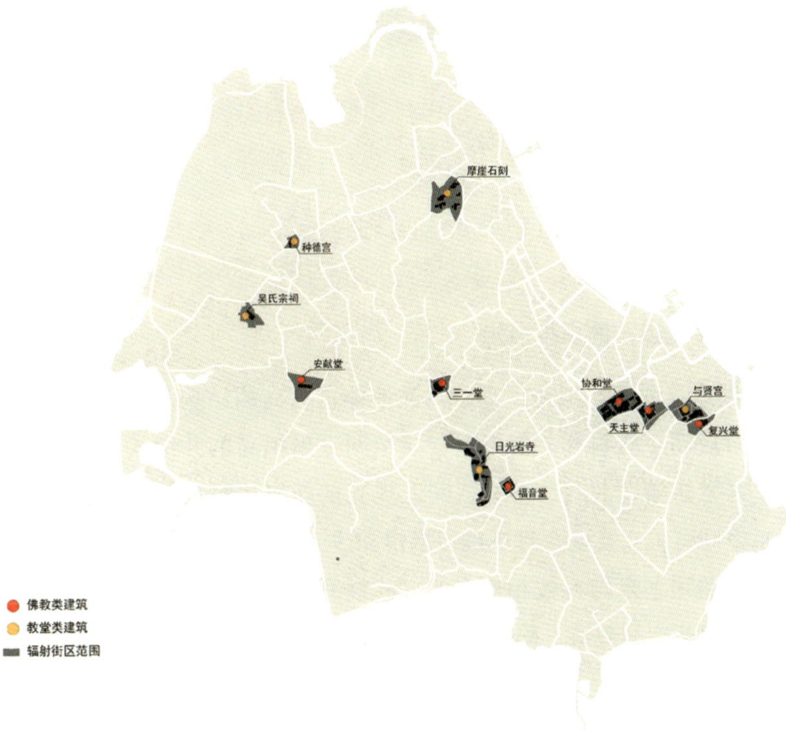
摩崖石刻
种德宫
吴氏宗祠
安献堂
三一堂
协和堂
与贤宫
天主堂
复兴堂
日光岩寺
福音堂
佛教类建筑
教堂类建筑
辐射街区范围

手机导游代替野导

6. 文化遗产的虚拟展示

创造互联网虚拟遗产岛。对鼓浪屿进行岛屿结构与建筑建模，配以对应历史资料和旅游资料，建造网上虚拟岛屿并编入线上资料库，开发旅游、教育、游戏、网上观光的新媒体时代创意项目。主展示空间可独立或联合打造虚拟展馆和线上体验分享，将文化遗产、历史风貌用艺术与科技相集合的方式展开虚拟展示，用数字化空间展开鼓浪屿空间叙事，配合以全岛无线网络系统打造虚拟遗产岛。

（二）可浸入式历史展示计划

历史感游走于陌生感和共鸣感之间。陌生显示理性的距离，诸如时代语境、历史选择、未知知识、业已流逝的和尚未到达的；共鸣产生超时间的情感，诸如生活态度、生存信念、已知知识、今之视昔的历史必然趋势。因而，在展示方式上，陌生感的建立以“精致历史还原”为要义，将历史展示严谨化；共鸣感的引发以“巧妙选择规置”为主旨，将历史展示生活化。二者并行引发人们对历史的兴趣以及对历史遗存、文化遗产的热情与敬意。

1. 构想理念

鼓浪屿文化遗产保存的真实性与完整性重点体现在：中西文化的交流融合；时代变革的历史见证；近代社区的独特实例；人文精神的影响与推广。应通过对交融、时代、实例、人文的主题设置与展示策划，有相对独立性与侧重点地展现鼓浪屿历史，避免泛化无序的历史堆积。因而我们提出这样的可浸入式多维度历史展示：它是以群组展示的整体性、身份展示的双重性为核心的，具有历史展示的立体性、思维创造的先锋性，以有序调控的灵活性为实践方式的创新型展示计划。

群组展示的整体性：整体构建、相对独立、综合平衡，以本质互联来分角度全面展示历史。这也是选择鼓浪屿领事馆群作为鼓浪屿历史展示的承载者的主要原因。在各层面及各馆的独立展示以及活态更新上，强调整体感与完整性。在未来发展上，强调社区的整体概念，基于此完成文化国际的整体打造。有整体性地展现鼓浪屿历史，避免繁杂的元素拼接叠加。

身份展示的双重性：展示历史、传达历史感，而非覆盖历史。我们强调历史展示的双重性是基于建筑自身历史与鼓浪屿历史整体梳理两个层面。对于领事馆建筑遗存，前者展示历史身份，后者承担未来职责。一方面，领事馆建筑遗存是主体，其历史性与建筑自身的历史、人文密不可分，对于鼓浪屿而言，领事历史文化本身就是重要的专题。另一方面，每个领事馆建筑都承担着新时代的使命，整个岛屿的历史将据此展开厚度、丰富呈现。据此，对领事馆群的展示构想将分为两层：领事历史层面与新职能层面。在这层意义上，协调二者的差异与关联将成为鼓浪屿领事馆群在历史对话和展示层面对话的关键所在。

历史展示的立体性：立体性主要体现在各层级主题设置与展示效果。多角度诠释历史，跨媒体展示历史、多形态历史互动。动（专题展示、活动策划、阶段更新等流动性传播）静（定点定位、常设展示等常设性项目）结合，虚（灵动转换）实（精致还原）相生，展开鼓浪屿历史的“厚度”。有层级地展现鼓浪屿的历史，避免混沌单薄的历史解读。

有序调控的灵活性：在以整体性为核心、立体性为形式的原则下，构建合理机体而非固化结构。针对鼓浪屿发展建设及申遗步骤，有序调控，构建有效性与整体性的平衡。

思维创造的先锋性：发挥艺术的力量，打破固化思维，创造先锋亮点。以先锋实验性展示深度思考，强化历史感传达与互动，展现历史展示新模式。

2. 整体构架

日本领事馆旧址

日本警察署及宿舍旧址

3. 多维度分述

（1）历史·史实综合性

鼓浪屿历史博物馆——日本领事馆旧址、日本警察署及宿舍

原日本领事馆旧址、日本警察署及宿舍能够承担起片区重心的作用，有着相对集中的建筑空间、展示场域与极佳的区位优势，据此将此两处核心要素点整合策划构建鼓浪屿历史博物馆：从建筑自身特征层面考虑，这里承载着沉重的历史，建筑本身也保有当时建筑形式语言。建筑保护程度、区位因素、历史气息都足以承担鼓浪屿历史博物馆的重任， 成为对鼓浪屿时代历史的整体展现。从未来发展层面考虑，创造新型微观历史展示方式，打造该要素点成为鼓浪屿历史展示的高点，国际微观历史展示意义上的知名案例。展示重在强调精致还原与语境真实感，包括小隔间这一通常阻碍传统展示的因素，也将被转化为新型展示的特色优势。

（2）历史·虚拟综合性

鼓浪屿数字考古馆——丹麦领事馆旧址

原丹麦领事馆（原大北电报局）有别于处于封闭或半封闭状态的其他几处领事馆空间，它面朝大海，视域宽阔，彰显着岛屿的自然特质，这使其可以担当更具想象力与实验思维功能的场馆。其空间较为整合，且具有效户外空间，加之与其余领事馆有一定的距离，与群组的连续性显得较弱，适宜发挥自身的整体感与独立性。原丹麦领事馆，一方面，强化虚拟展示的特色定位，以虚拟方式的综合性内涵与原日领馆遥相呼应；另一方面，相较于其他领事馆，以主题性展示的周期性更新确保其专题性与流动性，适宜打造为鼓浪屿虚拟展示的窗口，以其虚拟媒介的跨领域运用展开其对鼓浪屿的数字考古，以跨媒体方式灵活展现鼓浪屿历史，以专题性更新呈现持续性、专项性的对话历史。

（3）历史·人文

鼓浪屿大先生馆——西班牙领事馆旧址

原西班牙领事馆的区位优势、区位特点，定位作为鼓浪屿人文历史展示场所，以实例传达精神感召；以朴素叙述展示人的力量。面向海内外，宣传鼓浪屿人文历史精粹。鉴于周边环境，策划为鼓浪屿具有时代代表性及影响力的人物的纪念展示。多教堂的存在，使得这个区域呈现出去政治、去商业性的面貌，充满精神、思想、信仰及浓郁的人文关怀。馆展人物涵盖整个鼓浪屿，包含海内外。展示内容侧重人物贡献、实例展示，彰显人物的人文影响力、与鼓浪屿历史发展的关联性和鼓浪屿历史中中西交融的深入程度，以实例展示历史，强调人物故事性与人文历史的综合性。

（4）历史·体验

鼓浪屿历史生活体验馆——英国领事官邸旧址

原英国领事馆官邸，较之其他七个领事馆，具有综合条件较佳、有效户外空间较整合、休闲气息显著等特征，定位为公众的历史感体验空间。这处历史生活体验馆，

20 世纪 10 年代英国驻厦门领事馆

英国领事馆旧址

首先在于体验主题的设置，精选最能体现出中西交流碰撞、时代语境的场景，四至六组即可；其次在于互动展示的设置，体现明确的互动性与历史时代感。以精致还原与跨媒体技术结合，展示历史生活的生动性、真实性与互动性；于历史生活体验中感受历史感与时代魅力。主题案例以体现历史上的中西交融为首，而非纯粹的西方历史生活或闽南人生活。参与人处在陌生化与共鸣之间，强调适当的距离感和可理解性以及机枪的参与性和可控性。例如：百年鼓浪屿时期，融合了中西元素的地方性英式早茶时间、洋人初到岛上的语言（罗马拼音与闽南话）学习与教授，每堂 30 ～ 45 分钟的体验时间。体验主题定期更新，整组策划。

（5）历史・教育

鼓浪屿声音图书馆——德国领事馆代办处旧址

德国领事馆代办处较为隐蔽，但并不难达，符合现代人寻找的乐趣。附近多学校，且距离居民区较近，建议打造为教育性质的鼓浪屿声音图书馆。作为鼓浪屿珍贵历史图书展示窗口，实现以专题书目展示申遗梳理，以书籍文献与岛屿声音感知历史语境的高品质的朴实追求。

馆内声音全部来源于鼓浪屿自身的声音：海潮声、音乐声、鸟鸣声、猫叫声、轮船声、唱诗班的声音甚至是市场的嘈杂声……从清晨至深夜，分时段，分种类播放。馆陈书籍来源于：鼓浪屿申遗书籍、与鼓浪屿历史及各类风格演变相关的国家书籍、与鼓浪屿保存至今的闽南文化相关的书籍、鼓浪屿自身发展相关书籍，以对应时代及关联影响为划分。较之其他七个馆，这里具有多重性质：文献性质、教育性质、休闲性质，但整体上只为通过书籍文献与岛屿声音感知历史语境。公众在静谧的空间中，或以耳机独自聆听，或由DJ定时公放。低调的形象，高调的特色，独立而整体的设置，让阅读既奢侈又自然。

（6）历史·发展

鼓浪屿的建设之路——荷兰领事馆旧址

原荷兰领事馆，可用范围为一层空间，二层为马约翰纪念馆。地处商业区且区位优势明显，建议定位为介绍鼓浪屿的建设发展之路的展示场所。展现鼓浪屿建设发展的历史缩影，陈列鼓浪屿历史建设之“最”与发展中的诸多“首个”：电信、道路、学校、医院……大、小均可，以一个一个元素的陈列展示时代的变化以及其间的交流与碰撞、接受与传播，以个体发展展示整体布局，以建设发展描绘鼓浪屿历史上一段从此及彼的现代化之路。

（7）历史·共知

鼓浪屿申遗展示、旅游服务、应急指挥中心——英国领事馆旧址

英国领事馆无论从地理位置还是历史意义上来看，都具有明显的地标性。作为鼓浪屿历史上首个外国领事馆、现今的管委会办公楼、直面钢琴码头广场及其宽阔的视野等，都使其享有极高的共知度。可作为申遗展示窗口，旅游服务中心及应急指挥中心。同时，从展开鼓浪屿历史厚度的角度来看，该馆地处领事馆群的门户位置，在领事馆群整体的历史展示语境下，针对鼓浪屿历史完整性、真实性的申遗专项展示将更为确实和丰富。

（三） 历史要素点片区活化

文化从来不是一个简单的符号，对于具有诸多坐标的鼓浪屿，更是如此。鼓浪屿的历史性、艺术性都与这座岛屿的文化自觉密不可分。根据鼓浪屿的现状与历史文化特征，我们在这里提出“历史→民生→艺术”的概念区域划分与关联：艺术的生活方式是这座岛屿的灵魂与新鲜血液→艺术的生根于此依托民生文化的觉醒与再造→民生文化独特性的彰显需要对岛屿历史感的切身感知。民生文化在此，既是鼓浪屿历史与鼓浪屿文化艺术的过渡，同时也衔接着鼓浪屿的“过去”与“未来”。然而，这些的展开，则是以这座岛屿自身的历史核心要素点的历史活化作为载体。

鼓浪屿目前已明确五十多处历史核心要素点，它们彰显着鼓浪屿的历史风貌和文脉。带着片区带动的想法，在这些历史要素点中，我们划出几处首批活化的历史要素点，在这里将它们置于岛屿的片区之中来进行举例分述。这三个片区分别是燕尾山片区、龙头路片区和鹿礁路片区。

20世纪30年代拍摄的位于鼓浪屿龙头路的商铺

1. 框架

以艺术休闲为核心的燕尾山片区：艺术休闲计划实施是这个片区的核心与高点。较之龙头路片区，人流稀少的燕尾山片区，更适宜成为一个形式丰富且具高品质的艺术休闲整合体。位于此片区的原美领馆无疑具有标杆性，它的活化走向将对整个片区起到重要作用。

以民生为重点的龙头路片区：拥有龙头路商业街、延平戏院与鼓浪屿市场的龙头路片区，是鼓浪屿民生百业的聚集地，是全岛最具张力与改造难度的片区，但也是可以呈现鼓浪屿的老记忆与新生活的综合区。

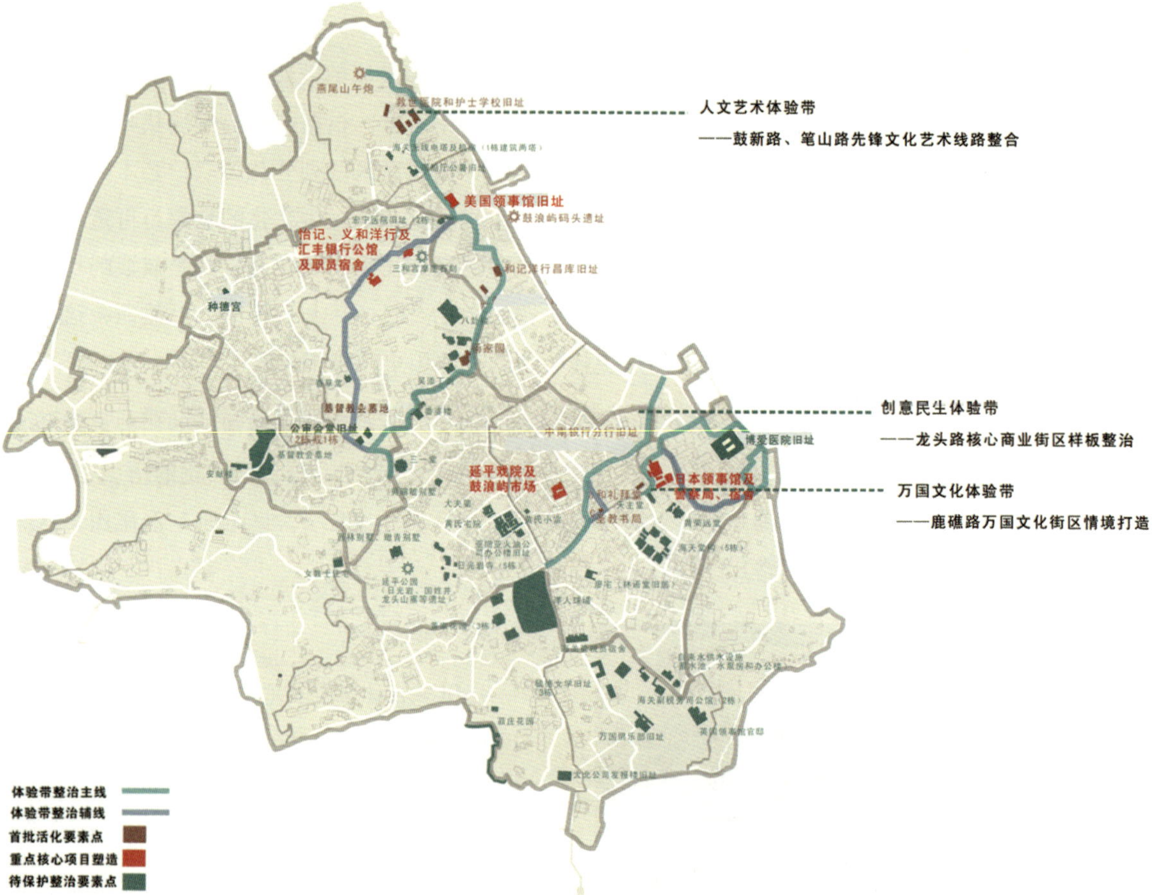

以历史感为出发点的鹿礁路片区：鼓浪屿的历史境遇与自身属性，是鼓浪屿文化振兴发展相关思考的出发点。现有诸多领事馆遗存的鹿礁路片区，在历史感上，是全岛最具厚度与饱和度的片区。这里领事馆历史遗存诸多且相对集中，具体构想在前文已进行了专题性的表述（详见“可浸入式历史展示计划”）。

20 世纪初的美国领事馆及其周边建筑

2. 燕尾山片区

“岛文化”国际艺术博物馆—— 美国领事馆旧址

要素简介：1893 年美国政府建造其驻厦领事馆，1930 年再翻建，从原先靠海的位置向高处后退一些。现存的原美国领事馆建筑建造在高坡上，19 世纪末、20 世纪初美国流行的古典复兴建筑风格，带有浓烈的美国古典复兴建筑色彩。

方向定位在鼓浪屿的未来发展：相对于历史作为鼓浪屿的属性，国际艺术人文岛则是鼓浪屿发展的新模式；相对于强调“历史感”的国际片区，燕尾山片区强调的是“文化性”；相对于展现往昔的日领馆，美领馆打造的是鼓浪屿的文化未来。对于美领馆在历史活化中的定位应聚焦在鼓浪屿的未来发展上，连接历史，对话国际。

文化、历史只有从地方自身出发的考量才能根植于地方，这也是构想需尊崇的重要原则。从鼓浪屿自身属性看，岛屿是鼓浪屿的自然属性，先于社会历史，鼓浪屿的发展境遇也起于此；从国际交流层面看，海洋文化遍布全球，是更具国际文化交流的点位，也是可以作为国际高点的发展未来；从鼓浪屿文化振兴角度看，主题性艺术博物馆无疑将成为鼓浪屿文化振兴的见证者与面对世界的述说者。据此，海洋文化、岛屿文化与鼓浪屿文化艺术，是鼓浪屿文化特征的最佳表达主题之一。

艺术博物馆具有广阔的视域与内涵，是文化艺术领域内的辐射中心与呈现终端。从鼓浪屿自身发展与国际影响的角度考量，结合整体构想，美领馆旧址以打造为有自身主题方向的集收藏、研究、展示、教育、交流与休闲为一体的国际艺术博物馆为佳。这座艺术博物馆应具备以下特征：①提升岛屿文化特质与国际声誉：作为鼓浪屿自然属性的岛屿特质，对这里的社会政治、历史有着极为深远的影响，在某些层面甚至构成先决条件。从岛文化出发、走向海洋文化、走向国际是鼓浪屿以文化特征走向世界的必经之路。艺术博物馆内也将常设鼓浪屿文化艺术发展展示。②跨学科教育与跨媒体展示：侧重各类艺术形式（包括如美术、音乐、文学、电影等）与多学科领域（包括如历史、语言学、宗教等）的互渗与整合。③专项收藏与扶持鼓浪屿文化发展：侧重主题范围内（海洋文化）的专项收藏，增强博物馆特色发展实力；注重地方文化艺术扶持与艺术品收藏。④学术研究与文化交流：对海洋文化及其相关文化心理与历史进行长期、深度的研究，发掘鼓浪屿文化特质和文化层级。⑤公众教育与人文传播：艺术博物馆将充分发挥教育职能，在鼓浪屿各类文化艺术活动此起彼伏的同时，提供稳固的展示与互动平台，针对参与者的不同需求，开展高品质的讲座等活动。

笔山会馆——汇丰银行公馆和汇丰银行职员宿舍

要素简介：英商怡记洋行的闲乐居，也被称为汇丰银行公馆，1873 年建成。其位置在笔架山断崖顶部，可凭窗眺望对岸的英租界，从对岸和海峡也可以看到这座建筑。和它所依托的笔架山崖壁上的三和宫摩崖题记共同形成一组中西文化交相辉映的

摄于 20 世纪 70 年代的汇丰公馆

汇丰银行公馆旧址

汇丰银行公馆一鼓新路 57 号

独特景观组合。汇丰银行住宅位于笔架山原汇丰银行公馆（闲乐居）西侧，为二层宿舍建筑，清水红砖外墙，造型简洁。

怡记、义和洋行及汇丰银行公馆所在沿线分布有诸多名人旧所、故居，传达着一个个先锋文化历史。同时，在整体层面，这里具有成为与艺术片区的连接点的地标性作用，位于人文线路与艺术片区的规划交接点。据此，这里适宜作为人文学者的畅谈所、艺术家的工作坊、各界学人与领域代表的思想交互地与策源地，呈现有高端性、持续性、先锋性等特征。两栋建筑周边空间开阔，适合在保持相对遮蔽性的基础上，做好整合与延展工作。

鼓浪屿音乐时间——救世医院和护士学校旧址

要素简介：救世医院由美国归正教会创办于 1898 年，分设男女二馆，当时称为“鼓浪屿救世男女医院”。郁约翰为首任院长，其后又陆续开办附设医学专科学校和护士学校。1910 年，郁约翰因救治病人染上瘟疫去世，人们为纪念他的功绩，在院内立碑，碑文用英、荷、拉丁、闽南白话字四种文字分别镌刻于碑身四面。

20 世纪初拍摄的鼓浪屿救世医院

救世医院毗邻三丘田码头，较之美领馆旧址，更是濒水而立，是三丘田码头人流上岛后的地标性建筑。基本完整的建筑结构有利于突显整体性，相对独立的内部空间有利于展现丰富度，并满足室内展示与户外活动的基本场域要求，日常管理与活动组织的基本空间需求。因而，策划这里作为以鼓浪屿钢琴收藏为核心的集陈列、展演、教育为一体的综合性的音乐体验展示馆，而非传统、单一的陈列馆。

救世医院和护士学校旧址地处舒缓之地，不应以沉闷保守的传统展示方式为主，钢琴主题下的综合性立体打造是“鼓浪屿音乐时间”的特色。“鼓浪屿音乐时间”将与音乐相关的各角度思考与多领域实践齐集于此，将平面化的陈列钢琴转变为打造立体的音乐生态园、浓缩的音乐世界。其间的馆藏钢琴不是单为展示，而是结合了核心展演、专项教育、岛屿人文等的立体建构。以跨媒体展示为亮点，综合立体的讲述方式，使人们被鼓浪屿音乐文化所感动。可设立专项基金用于此馆的展演与教育层面。拉近而非疏远人们与馆藏钢琴的距离，使这里由原有的身体医治功能转向今后的心灵教化影响。

救世医院和护士学校旧址

陈设展示示意图

延平戏院楼顶装饰

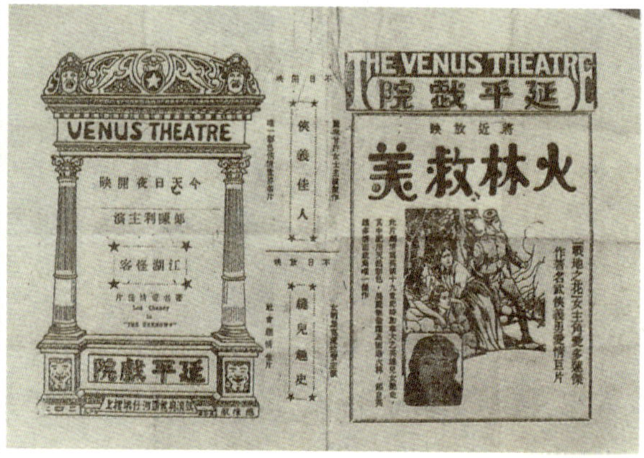

延平戏院的广告

3. 龙头路片区

公共记忆综合体——延平戏院与鼓浪屿市场

要素简介：延平戏院为旅居缅甸华侨王紫如、王其华兄弟在鼓浪屿修建。两人成立“如华公司”，1928 － 1931 年间，先是在今海坛路 15 号购置地皮，创建有二十多个店铺，几十个摊位的菜市场，命名为“鼓浪屿市场”。其后，又于 1928 年在市场的楼上修建了一座戏院兼电影院，取名为“延平戏院”。

延平戏院与鼓浪屿市场在艺术、民生、历史层面占有独特位置，这里具备文化前卫性却饱含历史记忆，地处商业区却也展现社区生活，戏院与市场的搭配也是岛内现存不多的可供情境还原的历史语境的代表。建筑本身尚保存有基本建筑结构，建议整理构建为公共记忆综合体。在沿用影像放映与市场功能的同时，整合进新的内容策划，严格品质要求，体现时代面貌，实现整体提升，打造鼓浪屿影像文化新地标。为提升该要素点的世界知名度，塑造鼓浪屿文化形象，重新启动后的延平戏院与鼓浪屿市场，可作为一个整合体，引领地方时尚新风，作为鼓浪屿国际影像平台，定期举办国际影像艺术节作为其标志性活动。

2
3
1
4

1. 延平戏院的台阶

2-4. 内部放映展示示意

中南银行旧址

艺术生活延展中心——中南银行分行旧址

要素简介：1921 年，华侨黄奕住与人联合成立，总行在上海，曾是当年发钞银行，也是近代海外华侨回国投资创办的最大企业，见证了中国早期商业历史，鼓浪屿分行又为银行创始人黄奕柱的故乡，有独特意义。

中南银行分行旧址的现状是一层现为鼓浪屿游客服务中心，二层现为会议室，三层现为鼓浪屿监控中心和鼓浪屿旅游处行政办公室。该要素点的作用并未得到有效发挥。由于地处龙头路商业街的显著位置，游人的必经之路，这里具有打造为该片区新地标的区位优势；从龙头路整体策划来看，此要素点的策划直接代表着龙头路新商业的特色发展方向；鉴于原建筑功能的商业性与历史性，针对龙头路商区旅游商品的低端化、重复性、无特色问题，策划中南银行分行旧址定位在艺术、生活、商业的关联互渗层面，可建设为立足鼓浪屿的国际艺术生活延展中心。艺术生活延展中心以艺术生活延展、研发交流为文化目标；以艺术衍生品、地域文化产品、跨媒介产品的设计、销售为主要经营内容；立足本地、面向国际，对接商业片区、服务艺术社区，链接岛内艺术活动；通过延展体验空间、文化产品研创发布，打造特色发展链条，营造“艺术的生活”“诗意的栖居”的文化氛围。

4. 鹿礁路片区

鹿礁路片区，一方面，领事馆历史遗存诸多且相对集中，我们在前文已专题性地表述了相关构想（详见“可浸入式历史展示计划”）；另一方面，这个片区在历史上同时还具有很强的国际性，我们将这种国际性以今天的方式展开，呈现出另一番图景，那是一个可以对话历史的国际社区（关于位于该片区但不属领事馆建筑遗存的协和礼拜堂的描述详见“社区计划”之“一个可以对话历史的国际社区”）。

三、艺术・生活

鼓浪屿在20世纪初就已是财富集中地，甚至于已有当时全球“最富庶的平方英里”之称，人才聚集、新贵涌现，不仅在中外贸易，在现代教育、艺术、文学、音乐、医学等方面也发挥着重要作用。在诸多历史资料中，我们也可以看到这片土壤上所诞生的品质生活的印证。今天，鼓浪屿享有高度的关注度和开放的心态，具备以品质感与精神性来提升生活的诸多历史沉淀、现实条件和本质诉求。基于此，在鼓浪屿，可不可以有这样一种可能，那就是让艺术成为一种生活方式？关乎于它的可能性构建又会呈现出怎样的情状？一方面，创建艺术生活结构网，以整体层面的培养良性文化艺术生活方式为目标；保护和活化鼓浪屿历史遗存的核心要素点为原则，打造艺术生活的“精彩点”，与社区生活实现相辅相成的长效共进互为品质要求。另一方面，艺术来到这里，不单单是一种文化构建，它可以融入这片土地，成为可感可触的生活方式，让人们感受到，他们或曾经、或正在、或希望，生活在此处。

社区，指向群体生活方式构建。鼓浪屿的社区，曾展现出历史维度的国际性，奇异也平实；也曾彰显出文化维度的艺术性，绚烂也精致；今天，它仍旧可以呼出自己的气息。在文化创意的产业培育方向，我们提出创意研学的将艺术学习计划与创意文化发展相结合的研学构想；创意商业的从原有单一的商业模式向以新业态整体带动的复合发展转型的可能。二者都将创意引入生活，尽显这个时代下它的光芒，从而实现生活即为梦想栖息地这一基础愿望。艺术成为一种生活方式，结构上需要相应的体系构建，接受与传播上，却更多在于可触可感的直接体验。在这个意义上，海上花园计划的以微整治呈现鼓浪屿的花园体系，强调和谐精致与整体性下的意义与情境的匹配，其中的色彩控制系统，尤其针对岛上出现的众多对色彩的传统元素沿用不当的现象，对未来色彩规划提出导向性建议，以直观的可感性回应着人们内心中质朴的期许。

（一）社区计划

“社区生活”在从人们的视线中消失前，先从意识与心态中消失了。不断尝试重现元素的努力一方面指向了难于构建持续性体会的现实，人们围坐在历史情调的片段展示前，却无法对它所根植的那些年代感同身受，交错的人、交错的事，一点一点在退缩为这样那样的“知识”。

作为著名旅游景点的鼓浪屿，和全国众多景区一样，面临着景区与周边的诸多实际问题。在承担着游人期许的同时，这座岛屿的内核区域存有居民居住着，这是一直在发生和延续着的事情。在排除了对原住民的争议问题后，景区与社区共在的鼓浪屿，可以有自己的社区文化吗？或者它已然存在？如何唤醒岛屿原有的文化自觉性？自身的文化生发性又可否促进社区与景区的持续共荣？承担岛屿自身的时代人文促进？

我们希望“社区计划”可以持续性促进鼓浪屿文化内涵的提升，使本土文化得到真正意义上的重生。“社区计划”首步以“国际社区”与“艺术社区”两大社区文化发展计划为主，针对文化艺术发展、经济带动做整体综合性考虑。同时成为鼓浪屿文化内涵提升的重要计划与景区、社区关系协调的重要杠杆，随着岛屿整体发展，之后细化为更具专项性质与独特面貌的小范围社区计划，以“社区计划”牵引民生文化发展与本土文化自觉。下面要展开的便是这样的两个关于社区的构想：一个可以对话历史的“国际社区”和一个让艺术成为生活方式的“艺术社区”。

1. 一个可以对话历史的“国际社区”

（1）对话历史·文化国际

鼓浪屿的历史境遇与自身属性，是这个构想的出发点。鼓浪屿的鹿礁路片区仍可见诸多领事馆建筑遗存，加之老别墅等历史建筑，是全岛最具历史厚度与饱和度的片区。若不是为着对话，我们又为何要坚持对历史的重现？对往昔的探究？在历史语境下，以“国际社区”的理念营造还原鹿礁路片区的今朝与往昔，建筑自身的今昔对话、建筑之间的记忆对话、建筑与居于其中的人的对话、历史与参与其中的人的对话……在岛屿的这里，对话历史加之多元文化的社区形式结构，一个兼具历史感与发展空间的文化国际区，完全有可能展现在我们眼前。

构建鹿礁路、复兴路片区成为以还原历史情境、展示多元文化为核心的“国际社区”。通过规划领事馆建筑，打开多元文化的片区层级，以日领馆旧址为辐射原点营造历史感，精致还原历史情境，通过综合点位的规划，结合休闲广场，塑造万国文化街区。

范围：鹿礁路、复兴路片区为主

思路：

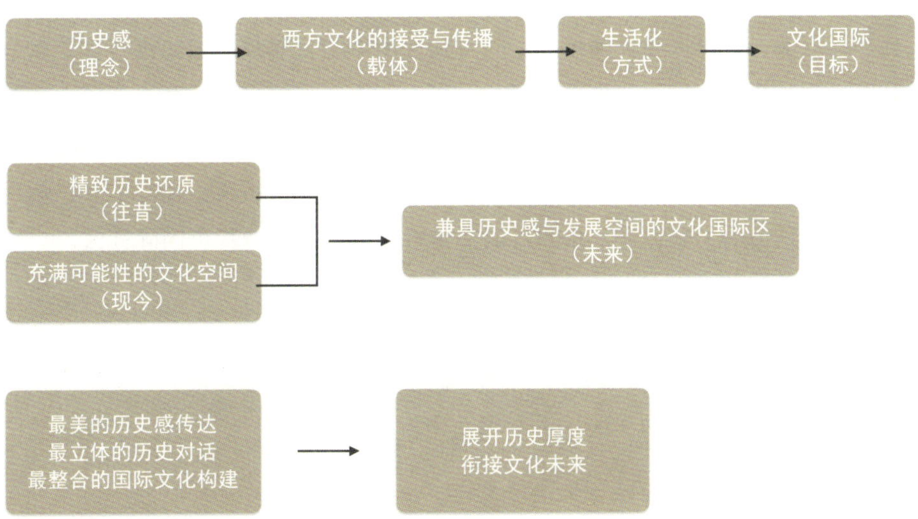

（2）对话历史

原领事馆及领事官邸建筑群是鼓浪屿鸦片战争后的百年历史的代表性历史遗存，其中四处为重点保护风貌建筑、国家级文物保护单位、申遗核心要素，除一处位于岛屿西北部外，多数集中于复兴路－福建路片区及其附近。这里在历史上曾是多国文化的交融展示区域，以复兴路－福建路片区为核心，充分呈现鼓浪屿的国际性、多元性、历史性。前文对原领事馆及领事官邸建筑群的历史活化已有分述（详见“艺术·历史”之“可浸入式多维度历史展示”），以原领事馆及领事官邸为支点，带动片区的国际文化交流与共建。

（3）文化国际

构建国际社区，在出发点和整体意义上，突显的是居民与游客在日常生活、精神生活上的参与性，这些需要以各个支点牵动出的丰富多样、此起彼伏的文化活态的促进，来形成具有生活和展示双重意义的可自我更新生发的国际社区。鹿礁路名人蜡像馆后部旧城片区，建筑以个体别墅为主，其沿街可作为万国街区的辅助线路，整合片区房产，整体升级，可将鹿礁路旧城片区更新打造万国情境街区；开设各国文化情境空间与特色文化餐饮机构，让居民和游客在万国文化体验带不仅可以看到异国文化、买到异国商品，还可以在异国情境空间得到深度体验；对片区空间进行保护改造，整体升级，逐步协调引导商业更新，该片区作为万国文化圈层的配套服务区，各国文化情境空间内特色餐饮的增加和繁荣也有助于鼓浪屿夜经济的开发和人流的疏导。由此，将鹿礁路片区的旧城保护更新与核心要素点历史活化连成线路，加之上述空间的整合提升与文化活态的关联促进，重塑万国文化整体氛围，打造特色国际社区。

德国领事馆旧址周边街区——德国文化街

日本领事馆旧址周边街区——日本文化街

英国领事馆旧址周边街区——英国文化街

内厝澳种德宫周边街区——南洋文化一条街

国际社区的街区情境示意

(4) 社区内要素点分述

“国际社区”文化展示与管理中心——博爱医院

作为国际社区“对话历史·文化国际”的综述性展示窗口。观者将在这里看到各重点历史遗存的历史 / 今天的双重身份介绍，获取整体层面上的信息，包括最新活动播报等信息更新与发布。了解鼓浪屿历史展示的整体面貌，了解多国领事历史之间的相互影响以及最终对鼓浪屿的影响。这需要足够的空间与区位优势，在综合因素下，可选址博爱医院。

鹭潮人文大讲堂——协和礼拜堂

鸦片战争后英美基督教传教士来到厦门传教之初，仅设有供外国人使用的小型礼拜堂，即位于鹿礁路的协和礼拜堂。协和礼拜堂创建于 1863 年，1911 年基本照原样

协和礼拜堂

闽南圣教书局旧址

翻建。2011 年修复落成启用后的协和礼拜堂现主要做基督教文化展示、结婚典礼等功能使用。建议在协和礼拜堂开展具有持续性的系列学术讲座。讲堂通过专业的策划，侧重历史文化与学术理论方向，邀请国际专业人士，在注重学术品格的前提下，讲求文化振兴大背景下的文化提升作用。

微型宗教书店——圣教书局

圣教书局一层现状为教会租赁给个人开设的咖啡馆，二层、三层为民用居住，为更好的保护活化此处空间，建议政府与教会合作经营，置换圣教书局二层、三层房产，恢复其原貌。打造“圣教书局”成为世界知名的——“微型宗教书店”。在基础经营职能外，化身为宗教经典书籍收藏展示及宗教文化交流场所。经营运作方面，重新规划后的“圣教书局”初期以书籍销售为主，之后随着研究能力和专业程度的逐步提升，可恢复出版功能，面向海内外发行。功能设置方面，书店一层以经营宗教书籍为主，兼带经营体现宗教文化与艺术、音乐、思想、哲学等其他领域相互影响的书籍；二层以展示宗教经典原版文献、书局曾刊印书籍与书局纪录片为主；三层为书局管理人员工作室。文化交流方面，书局由喜好宗教文化及他领域文化的人士在三层驻地管理，营造书店的人文氛围与传统，书店定期举办微型读书会等活动。

2. 一个让艺术成为生活方式的“艺术社区”

（1）以民生为重点的两个片区

艺术社区是一个富有艺术创造力的以居住生活功能为主的小型社会，艺术体验和产业功能作为辅助性配套。它指向“让艺术称为一种生活方式”，营造社区艺术氛围，重塑社区人文结构，培养居民艺术自觉，振兴社区产业，启动本地文化自我造血，妥善解决居住和旅游的矛盾，达到和谐共处和综合发展，并以此为目标。

鼓浪屿的民生与社区文化，是规划实施的重难点。拥有龙头路商业街的龙头路片区，是鼓浪屿民生百业的聚集地，是全岛最具张力与改造难度的片区；内厝澳片区，是鼓浪屿地方性社区文化的集中区，是全岛最具社区完整度与社区属性的片区。也正因此，龙头路片区与内厝澳片区也是民众生活的核心区，可作为岛屿在社区文化层面上的独特的标志性区域来构建。构建的范围锁定在以龙头社区和内厝社区为主的鼓浪屿原居住生活区，具体以重点营造两个社区艺术中心与植入四个艺术项目来展开。

（2）社区艺术中心

丽之岛酒店后闲置地及附属建筑——龙头社区艺术中心

利用丽之岛酒店绝佳的社区区位优势，改造其后闲置地和部分附属建筑，形成龙头社区艺术中心。承担本地居民的教育体验、艺术雅集、家庭音乐会等众多职能。

内厝社区老年活动中心——内厝社区艺术中心

改造原内厝社区老年活动中心，成为内厝社区艺术中心，利用具有风貌特色的建筑和环境，配合社区博物馆、联合周边街区引入的闽南文化机构，提供功能多样化社区文化活动，周边进行商品生产体验、音乐演奏、艺术展览等。

（3）社区艺术生活项目

SOHO 艺术家客居计划

艺术家客居计划，以 SOHO 艺术家驻地为主要的形式，倡导本土性、自发性、国际性、时代性的融合。面向国内外，严格筛选适合的艺术家驻留在鼓浪屿文化的各层载体中，如民居、家庭旅馆、研究场所等多主题区域，带动提升这座岛屿的文化艺术的地方内涵和生发性，以及国际形象的持续营造。

“鼓浪屿之波”社区电台

电台不仅可进行旅游和展演信息发布，还可着力于讲述鼓浪屿社区历史上辉煌的老故事。居民可以和电台互动，奉献存在自己心里的有关的故事。它是一个链接鼓浪屿人的精神平台，并为本地居民和客居于此的人们服务。

国际儿童艺术夏令营

续借中国第一所幼稚园在鼓浪屿的辉煌历史。在鼓浪屿内厝社区内着力打造新模式的国际儿童艺术夏令营等特色项目，以开放式的艺术夏令营的方式进行对儿童教育理论的先锋式探索和实践。

艺术社区专项组织

艺术社区可成立专项组织，如“鼓浪屿之家”日常事务委员会，代表政府、专家、社区民众统一管理，切实保障居民利益，解决实质性问题。“鼓浪屿之家”日常事务委员会架构分为政府代表、专家代表、社区民众协会。其中社区民众协会包括社区居民、家庭旅馆协会、鼓浪屿旅游发展行业协会、鼓浪屿餐饮业行业协会、万国艺术专项评审团等团体。

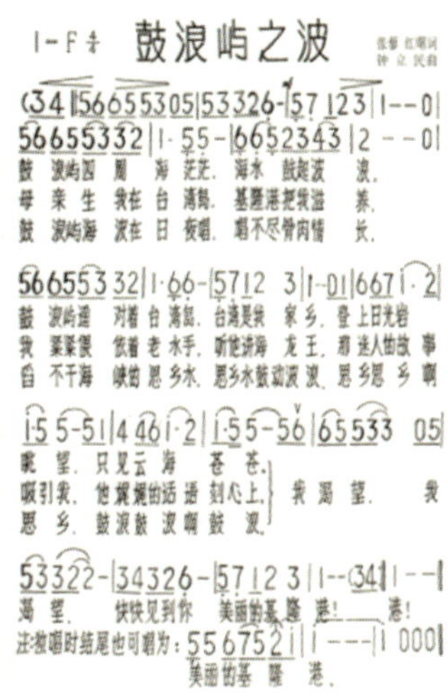

20 世纪 80 年代的歌曲《鼓浪屿之波》在全国范围广为流传，成为当年鼓浪屿一个成功的名片。

20 世纪 30 年代初拍摄的鼓浪屿怀德幼稚园

机制一：公益服务权限

公共事务调解、公共设施维护、公益活动组织

机制二：商业维权权限

包含机制一的权限，此外还承担商业维权等事务职能

机制三：自主经营权限

包含机制一、二的权限，公司**模式经营**，有基金会，且自负盈亏，做到“民有所养、民有所乐”，和谐共处，解决景区与社区场所冲突。

·就业
（申请到景区相关管理、维护、清洁等日常工作岗位）

·收益
（通过实际工作加入到鼓浪屿管理和维护中，从而获得工作收益与生活保障）

·事务协调
由“鼓浪屿之家”协调本地居民事务

·居民年终经济补偿
帮助本地居民相应的进行年终分成。

·管理办法
制定鼓浪屿日常旅游管理办法，与各大旅行社合作制定规范导游讲解及领队规范；

·保护目录
与地名办协调，制定对外鼓浪屿名人及保护建筑目录，避免干扰；

·临时空间
增设游客临时休憩空间，缓解客流压力；

·流量预警
引进客流量统计预警系统，在主要节点及时发布区域客流量，避免扎堆；

·旅游识别系统
增设旅游识别系统，方便旅客自助游。

·幽区编目
在现有社区内，“鼓浪屿之家”日常事务委员会讨论并制定明确游客**不应进入、禁止扰民的区域作为幽区**，同时制定一些让游客和居民共**处分开的区域为“动区”**，并且提升社区的收入。

（二）创意产业

鼓浪屿岛内的文化产业现状是低端而混杂，空间有限，不宜将期待指向大规模的直接性的商业产出。那么鼓浪屿文化创意的产业培育，应本着怎样的原则来展开它的可能性呢？我们认为，它应是多元复合的，是艺术体验下的创意交流、交易、展演、旅游；根植于当地，续借历史，是当代文化和雅居生活的结合；同时也是能对接申遗以提升现有产业品质的。

在这里，我们将重点以“艺术西岸”作为创意地标，来承载创意展演和创意交流的构想；以创意研学来承载创意交流、体验游居等设想；以情景商业来展示创意商业的设想；以创意社交计划来呈现文化创意的产业培育方向的创意交流设想。

1. “艺术西岸”计划

设想在鼓浪屿的原工厂迁出地构建“艺术西岸”，这是一个强调艺术、人文、科技的文化艺术产业园区，作为鼓浪屿的文化创意新地标和新经济增长点，从而带动人群，实现全岛东西部平衡发展。联合内厝澳艺术社区，形成艺术西岸产业园和内厝澳艺术聚落的有机联合，拉动内厝澳社区、龙头路社区的整体文化与经济振兴发展。

（1）路径方向

以新型艺术空间激活老片区；以科技化艺术展示打造西部热点；以高层次互动活动深化艺术教育；以艺术创意产业带动片区发展；以先锋艺术交流推动海西文化圈；营造西部特色发展，缓解东部城市压力，实现东西发展平衡。

（2）内容指向

艺术西岸计划从鼓浪屿的人文发展及与这座岛屿的空间肌理相匹配的建筑群出

①海上剧场
②思想坞
③“海市蜃楼・鼓浪屿”当代艺术馆
④艺术科技拓展基地
⑤创意产业中心
⑥鼓浪屿历史虚拟体验馆
⑦数字艺术体验场
⑧山间音乐体验中心
⑨新国际音乐厅
⑩小型艺术酒店群
绿地系统
山体
水体
核心项目：鼓浪屿思想坞
西苑海滨浴场

艺术西岸计划空间分布

发，制造一个足以引发全球关注的新万国建筑博览，包括配套建设的高规格展演空间。在申报世界文化遗产以及建设内厝奥特色文化艺术片区的背景考虑下，建议对此片区进行合理的适度开发营建，带动内厝澳社区基础建设，联通滨海以及内环旅游，形成旅游人口的全岛均匀分布。艺术西岸以鼓浪屿思想坞和海上剧场为核心，由音乐体验馆及相关产业、小型艺术酒店群、创意产品展示带、国际艺术展览、绿地系统等五大部分重点构成，形成集展示表演、新媒体互动游乐场、音乐主体博物馆、创意产业、高端会议、特色教育为一体的文创园。

（3）建筑特点

位于鼓浪屿西岸的内厝澳片区，发展相对落后，街区生活氛围基本处于消解状态，但在街区空间仍可感受到过去的日常生活的魅力。街区空间肌理、厦门工艺美术学院等基础设施，为产业的发生提供给了良好的基础。西岸的人工海岸痕迹明显，沿岸分布有开放的绿地系统，从海上视野来看是一种非常有节奏的景观形态，应予以保护；鼓浪屿高度的街区化空间肌理也需要西岸这样可供呼吸的城市开放空间来进行协调。因此，西岸的总体发展，建议走“小型化—科技化—低碳化—艺术化”的发展模式，利用原有建筑，适度增建，通过高附加值的功能和业态组织形式为内厝澳片区注入生机与活力。

（4）核心内容

鼓浪屿思想坞——承载先锋思想的海上船坞

制造一座承载梦想的海上船坞，作为鼓浪屿思想坞，在这里开设堪比“博鳌亚洲论坛”的鼓浪屿亚洲文化艺术论坛，以艺术与思想为主题，探讨内容包括艺术引领关联的其他行业策动。在世界范围的艺术领域，将思想转变为影响力，甚至生产力，推动未来以艺术西岸为策源地的海西文化艺术圈的形成。可充分发挥国家级艺术学院的专业优势以及与世界顶级教育机构建立的合作伙伴关系，将论坛引入艺术西岸，齐聚国际级思想界、创意界、艺术界、设计界、产业界人才，建立全球视野的亚洲文化发展与合作平台，促进深化本地区与世界其它地区的文化经济交流、协调与合作。

鼓浪屿海上剧场——演绎鼓浪屿昔日传奇的音乐港湾

鼓浪屿北部避风坞沿海湾海域面积为两万两千多平方米，建议依地形打造为海上剧场，当然在时间性上需避开台风季节这里作为避风港的时间段。搭建浮动式海上舞台，舞台面积约三百至四百平方米，观众可环海湾架设看台，或在“音乐草地”设置坐席。以鼓浪屿丰富多元的人文历史为背景，设计编排相关题材的独幕剧或多幕剧向居民与游客开放，既可以进行大型声光电艺术歌舞剧表演，也可结合“音乐草地”举办海上钢琴音乐会等常规节目表演。海上剧场可成为鼓浪屿文化生活的一个重要事件，作为鼓浪屿艺术西岸的最热地带、国际级海上特色剧场，在世界范围内的剧场表演专业领域产生影响力，促进地方文化与国际文化的时代性交流。

（5）其他构成

“海市蜃楼 · 鼓浪屿”当代艺术馆

随着国际社会政治与经济文化发展，当代艺术正在成为诸多形态的重要调和剂与时代表征，“海市蜃楼 · 鼓浪屿”当代艺术馆，可作为鼓浪屿的核心艺术交流传播平台，同时，也是鼓浪屿文化活态促进的播报站。“海市蜃楼 · 鼓浪屿”当代艺术馆是立足于展示鼓浪屿艺术与文化活态的展馆，“海市蜃楼 · 鼓浪屿”厦门国际艺术节（详见后文）期间，结合艺术节做主题展示活动。针对鼓浪屿发展，立足文化振兴，面向国际文化交流，该馆地处西岸，作为艺术西岸的重点规划之一，在起到带动与互联作用的同时，将打造为展示鼓浪屿特色的国际艺术平台，引领闽台艺术发展的新地标。

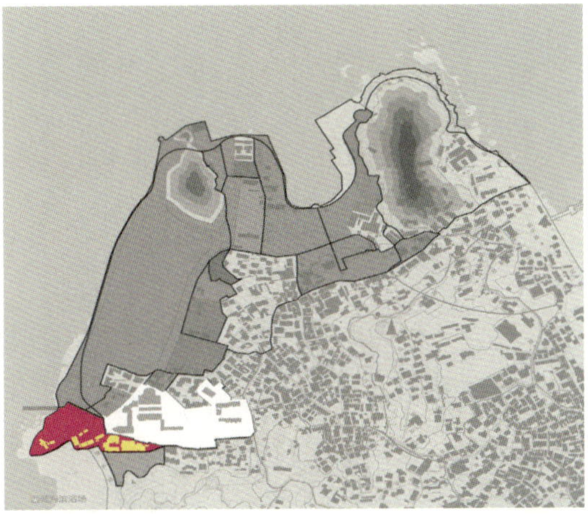

鼓浪屿思想坞

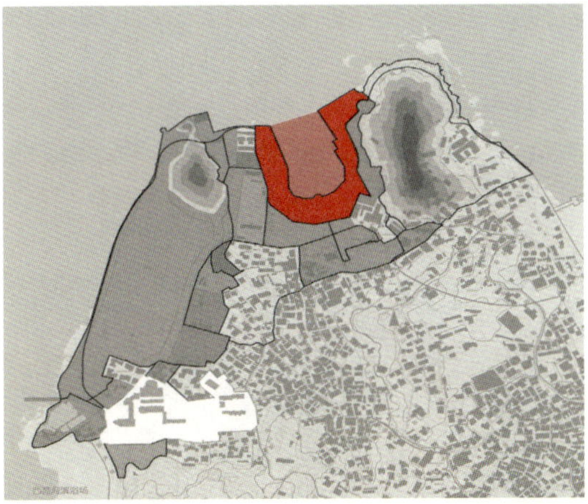

鼓浪屿海上剧场

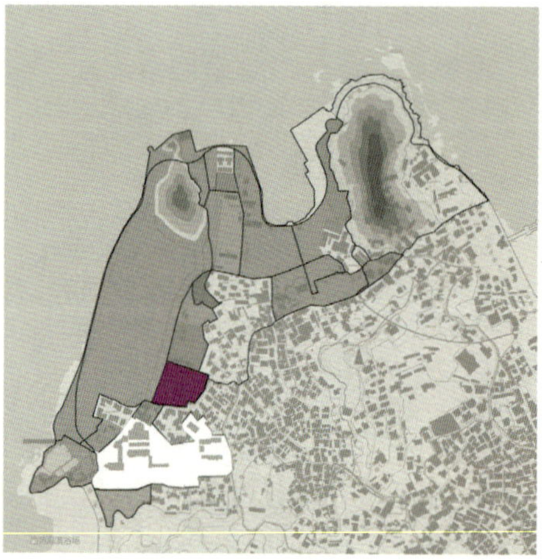

“海市蜃楼·鼓浪屿”当代艺术馆

艺术科技拓展基地

创意产业中心

鼓浪屿历史虚拟体验馆

艺术科技拓展基地

艺术西岸的鼓浪屿教育拓展基地基础功能设施可借助于北部鼓浪屿工艺美院。鼓浪屿工艺美校本科大部分教学部迁出后，整合鼓浪屿上的初中、小学等，在工艺美校相关地区原址，配合工艺美校剩余的专业成立新艺术教育整合区，渗透日常生活，包含小学、初中、高中、大学部，涵盖音乐美术工艺等多项专业，续借特色教育历史。

创意产业中心

借助鼓浪屿富有特色的文化和艺术资源，联动创意产品产业带，将经济、文化、技术和艺术有机结合，强化导向、构筑平台、推动集聚、形成体系，调动创意产业和 创意人才的积极性，发挥创意产业中心的综合性服务平台功能，创新地方产业发展模式，带动地方艺术产业整体发展。

鼓浪屿历史虚拟体验馆

设立虚拟数字展览馆，以数字模拟方式展示和陈列鼓浪屿相关的历史，利用新媒体手段让鼓浪屿的历史片段复活在公众眼前，并以互动技术达到公共教育和展示体验、游玩的多重目的，以现实的虚拟呈现，实现历史的实在体验。

数字艺术体验场

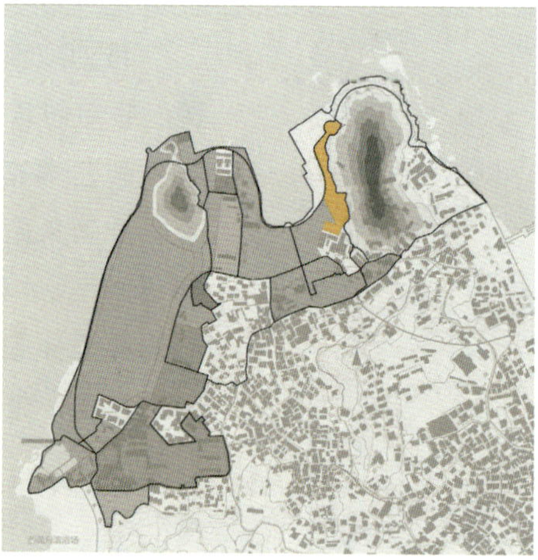

山间音乐体验中心

新国际音乐厅

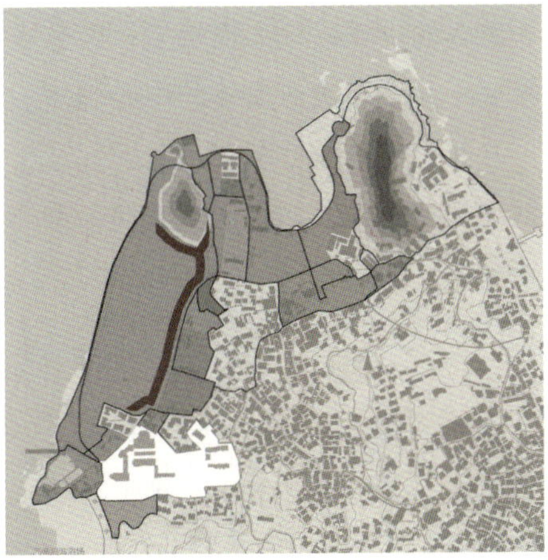

小型艺术酒店群

数字艺术体验场

以新媒体科技为手段，开发互动型艺游乐场所，主打音乐创意体验，配合南部新建的国际音乐厅、钢琴博物馆、山间音乐体验中心，打造西北部音乐主题游乐、商务一条龙的顶级体验板块，用创意将音乐与科技相结合，营造真实和虚拟交错的梦幻体验。

山间音乐体验中心

在鼓浪屿燕尾山西部设置山间音乐体验中心，设计不同的音乐主题体验板块，以崭新而优雅的体验方式、完美的周边环境向游客提供曼妙的音乐享受，同时以山间音乐体验中心的发展来带动燕尾山生态公园一带的产业与文化发展，促进鼓浪屿西北部艺术与经济的发展，营造在鼓浪屿山林与音乐梦境中的惬意的迷失感。

新国际音乐厅

现有鼓浪屿菽庄花园内钢琴展示面积狭小，难以扩充展品或进行相关展演活动，现有的鼓浪屿音乐厅在硬件设施及空间上也难以达到国际表演的标准，因此需在北部海岸附近兴建新的国际级音乐厅、钢琴博物馆。建议两者设置在同一建筑体内，形成联动效应，并创立高端音乐节及汇演，重塑鼓浪屿之音乐氛围。

小型艺术酒店群

小型艺术酒店群以国际著名设计师参与统筹策划和设计，打造一线连锁酒店联盟，以艺术创意内涵提升产业服务品质，形成白天以特色餐饮休闲为主，夜间以新媒体艺术娱乐狂欢为主的高档酒店带，形成日夜经济相结合的产业结构。

2. 创意研学

创意研学是将艺术学习计划与创意文化发展相结合的研学构想，旨在延续并提升鼓浪屿得天独厚的艺术氛围，发展艺术教育和社区、游客的关系，一方面设立社区艺术班，以山居体验学馆、民艺体验营、科学趣味实验室、儿童健康研发体验中心等体验方向，形成面向岛外学者和游客的特色体验班；一方面设立高端体验营，以国际艺术高研班、学院采风体验营、鼓浪屿摄影体验营和钢琴学习基地等四个学习方向，形成具有特定学习目标的研学体验基地。

（1）社区艺术班——面向游客的特色体验班

山居体验学馆：选择位于山间的历史风貌建筑，设立山居体验学馆，选址具有文化教育历史和气息处为佳，学馆定期举办活动，每周奖励一名国内外优秀青年学者前来住宿游学体验。

民艺体验营：在鼓浪屿工艺美校附近临街空间设立民艺体验营，政府补贴引入闽南国宝级艺术大师的传统手工艺小作坊，激发居民参与性，活化居民生活，提升文化遗产价值，产生旅游收益，打造闽南精品手工艺的荟萃与传播之所。

科学趣味实验室：选择与科学相关的历史风貌建筑，设立科学趣味实验室，接受预约，为儿童打造新型学习空间，分为不同空间，面向厦门本地儿童及儿童游客开放。

学院采风展示示意

儿童健康研发体验中心：选择毓园旁空间，打造为儿童健康研发展示体验中心，关注儿童健康发展，倡导儿童健康生活方式，也可配套考虑和儿童产品研发机构合作设计研发儿童健康类生活产品。

（2）高端体验营——面向特定学习目标的研学体验基地

国际艺术高研班：可设立国际艺术高研班，形成品牌影响力。教学内容分为传统艺术、当代艺术、艺术收藏、地方传统等项。其品牌效应将带动厦门辐射海西，使鼓浪屿成为海内外高端艺术教育的重要策源地。

学院采风体验营：学院采风体验营将成为岛内最高级别的采风营，开放给各种前来鼓浪屿采风的艺术家和国内外各大美院师生，定期举办采风创作展。让艺术以最为生活化和本初性的形式在这座岛屿发生。

鼓浪屿摄影体验营：中国美术学院摄影系可派遣师生驻地提供面向鼓浪屿游客和居民的摄影艺术培育工作，开设体验、创作和展示项目，同时进行鼓浪屿老照片、摄影资料的收集整理工作，延展鼓浪屿的先锋文化与悠久的摄影历史。

情景商业街道示意

钢琴学习基地：相对于大型音乐厅的规模式建构，鼓浪屿音乐厅更多承担小型温馨的日常艺术展示与音乐表演活动，以此场地开办学习体验，使游客在岛上可驻留并学习乐器一周。借用钢琴博物馆可利用空间，形成钢琴学习基地，增进开放式、花园式的音乐体验学习。

3. 创意商业

鼓浪屿的商业模式相对单一，建议在商业模式上，应从原有的单一的商业模式向创意展演、创意交流、创意商业、创意研学、体验游居等新业态整体带动的复合发展转型 。这里以情景商业的设想为例。

情景商业计划十字主干道创意小店街的品质提升

（1）十字型主干街区品质提升

（2）打造万国情景商业淘宝圈

（3）引进各类音乐主题商品

4. 创意社交

创意社交计划是在文化创意的产业培育方向的创意交流。

（1）形成鼓浪屿环海人流聚集带

南部海岸：各类海滨休闲主题应当最大限度发挥一座岛的亲海性。以艺术创意的方式开发以海滨浴场为主的海滨休闲主题式消费。

西北海岸：各类艺术体验主题主要发展体现在艺术交流产业集聚方面的艺术交流中心。由公众体验、教育培训、展览交流、研发创作等板块组成。

（2）规范管理原有家庭旅馆

提升品质，摒弃猎奇式的家庭旅馆蔓延趋势，鼓励建立保护鼓浪屿历史建筑且符合鼓浪屿气质的家庭旅馆经营。政府控制，建立样板示范，对原有不达规格的家庭旅馆进行重新评估和整改。

（3）进行文化链接

营造西洋、南洋、闽南等多种文化复合的岛内艺术文化生态，首期进行样板建设。

引进西洋文化综合机构：在领事馆街区引进具备文化造血功能的各国文化综合机构。

引进南洋文化综合机构：在内厝澳片区形成南洋文化氛围，续借华侨下南洋的光辉历史。

引进文教型机构：这些机构需具备教育、研究、展示等综合功能，为鼓浪屿整体文化传承和文化振兴提供基础支撑。

（三）海上花园计划

漫步厦门鼓浪屿，人们会自然感到这个海上花园的特质，因为它的亲海性、岛屿性、植被的丰茂、建筑的别致、生活的异质感等等。艺术成为一种生活方式，结构上依赖于一定的体系构建，但在接受与传播上，却更多在于人们的衣食住行与审美视知觉体验这类更为直接的触动与生发，对难于理解或无法触及的理念产生依恋，对于当今快节奏生活的人们来说，并不是一件自然的事情。海上花园计划，作为文化遗产的环境保护方向上的保护提升计划，尊重区域文化延续的基础上，注重以微整治呈现出的和谐与精致，整体性下的意义与情境的匹配。从自然建筑景观出发，实现自然感知，以此回应人们内心质朴的期许，这是海上花园计划所在意的。

1. 生态空间规划

1）自然花园系统

自然景观山体

依托自然山体景观系统，成为垂直空间序列之景观展开的大背景。

利用场地内山体自然资源，沿附山体结构，开辟一系列自然山体生态公园。

根据不同区域的植物种类和植物的特色之美，进行差异化塑造。

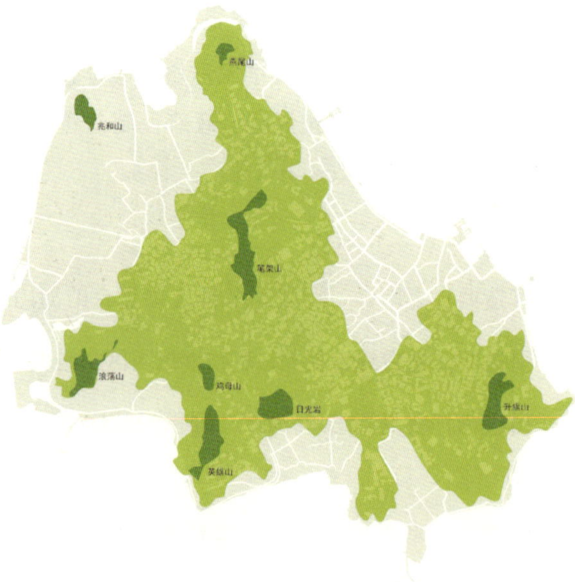

2）城市花园系统

公共花园

增设三个公共花园：海洋公园、延平公园、林巧稚纪念馆公园

以自然景观山体为依托，对岛上遭到破坏和侵占的公共绿地、围绕建筑的花园进行恢复，优化现有公共花园系统。

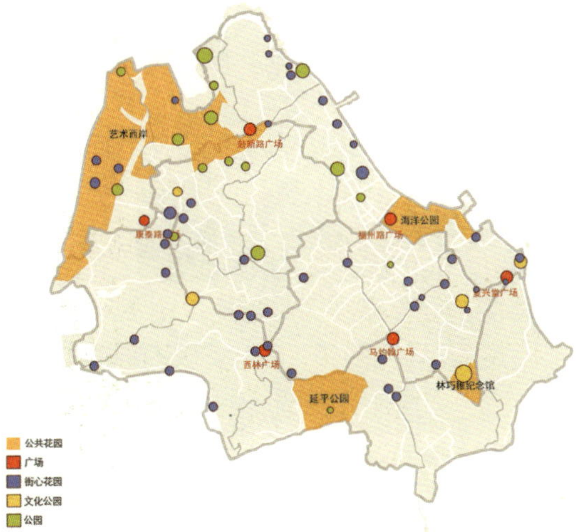

袖珍花园

整修和提升

修整和开辟公共集散性的小型花园；

分布全岛，以便于汇聚和疏导客流；

具有小场地集散性，有别于一般的公共场地；

具有明显的花园气质，有吸引游客参观停留的功能。

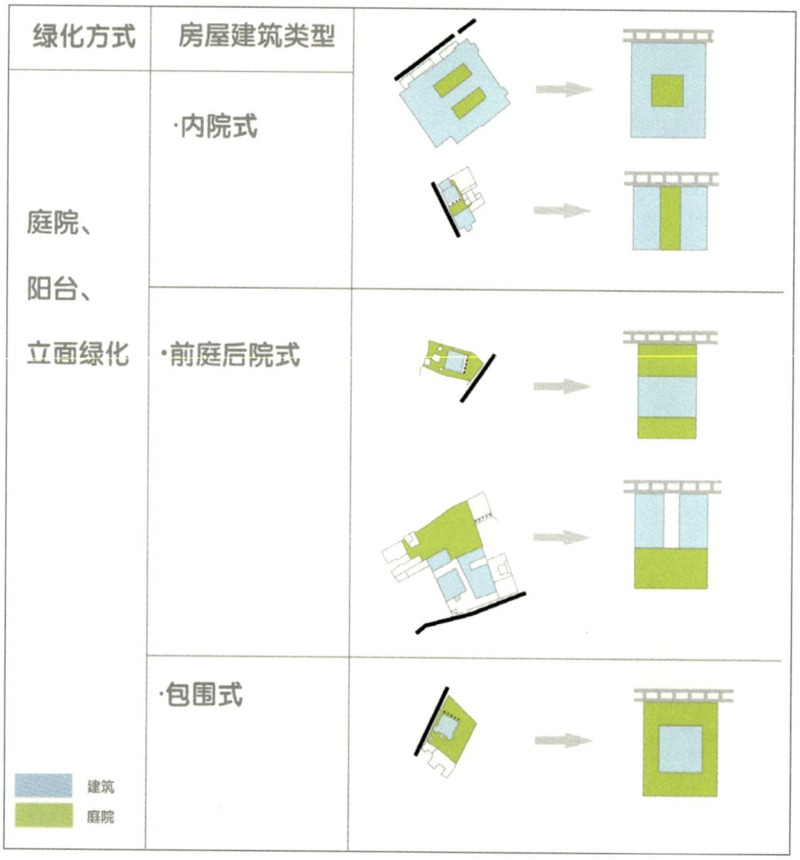

街巷路径立体化改造方案

庭院改造示意图

3）街巷庭院花园系统

街巷路径立体绿化

鼓浪屿别墅的高墙内外植被丰茂，呈现出区域性植物种植特色，如种植四角梅。选择适宜的植物进行有规划的立体绿植系统设计。

庭院、阳台、立体绿化

对建筑庭前院后的公共区域、院落空间进行花园改造，打造蔓延效果的花园系统；

规范和提升建筑环境品质，全岛人居、游居品质，给住岛居民提出合理化建议，通过样板改善提升审美趣味。

2. 色彩控制系统

鼓浪屿在本土传统与多元文化的碰撞与互渗的历史进程中，积淀延展形成自身的色彩特征、民众色彩喜好和配色习惯，在文化遗产的环境保护的原则方向下，这是需要保护和延续发展的。然而，现实是岛上出现众多对色彩的传统元素沿用不当的现象，不仅使传达历史的准确性降低，同时也影响了人们的感官和心理体验，对历史情景和文化延展的理解。我们在这里提出鼓浪屿的色彩控制系统，在解决现存问题的同时，也是对未来的色彩规划提出的导向性建议。

1）色彩现状及对策

问题

传统保护意识缺乏、片区色彩定位丧失、违章搭建无序自发、风貌建筑维护不当、产业形态低端发展、人口素质质量下降。

对策

尊重城市文化传统、明确各区色彩定位、控制区域色彩关系、风貌建筑修就如故、合理控制新型建筑、严格执行色彩规划。

2）现状色彩成因

地域特质与建材的关系

烟炙砖色彩提取

海蛎壳色彩提取

文化融合与建筑风格的关系

	传统闽南文化	西方殖民文化	南洋华侨文化	
	闽南传统民居建筑风格	典型西洋建筑风格	中西合井建筑风格	东南亚建筑风格
	闽南文化是在从晋唐播传入闽的中原文化基础上，融合原住民的本土文化，吸收采纳了阿拉伯文化、南洋文化、西方文化等外来文化的精髓，具有鲜明的地方特色，是中华文化的一朵奇葩。 闽南传统民居造型优美色彩鲜艳。屋顶低矮沉着，但檐角高翘，带来种向上飞起的动感。其建筑立面处理丰富，室内装饰多彩多姿，红砖砌成的多种图案朴实无华,细部装饰精雕细刻，绚烂已极。	鼓浪屿被明确为公共地界后，外国人开始大量迁入鼓浪屿居住和设立领事馆，并有权在鼓浪屿游历和传教。十多个国家曾在岛上设立领事馆，商人、传教士、人贩子纷纷踏上鼓浪屿，建公馆、设教堂、办洋行、建医院、办学校、炒地皮、贩劳工，西洋建筑形制的楼房堂馆大量涌现。 纯粹西洋风格的建筑其正立面通常有走廊，外墙基本没有突出部分，外墙材料的建造广泛采用砖砌，外抹灰泥。	明清之际，厦门成为我国东南沿海的一个通洋口岸及华侨呼入的门户。本世纪二三十年代，一批富商巨贾、事业有成的华侨衣锦还乡，投资兴建各种风格的别墅、公寓达到了高潮。建设过程中往往将他们仿自西洋建筑的作品掺合了个人的爱好和生活习惯，大胆地做折衷处理。这个时期建造的西洋风格的建筑和东南亚风格的建筑互相影响，形成颇具特色的鼓浪屿建筑新风貌。 华侨、侨眷在鼓浪屿所建造的这批建筑物大部分为二三层的钢混建筑，外墙采用清水砖砌成，无地下室，其正立面或两侧多数有宽敞的走廊，正面走廊中间有较大的半圆状突出部分。因为东南亚诸国地处热带，这样的建筑形式有遮阳、隔热和避雨的功能。建筑物周围园地较小，有围墙，绝大部分别墅和私宅都建造有高大而富丽的门楼。这数百幢造型各异的门楼景观又成为鼓浪屿建筑的另一特色。	
举例	大夫第	观海别墅	海天堂构	李清泉别墅
建筑图片				
主要建筑材料			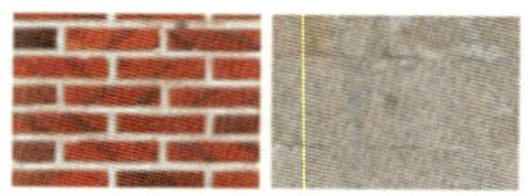	
建筑色彩提取	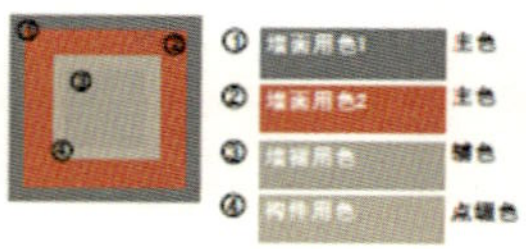	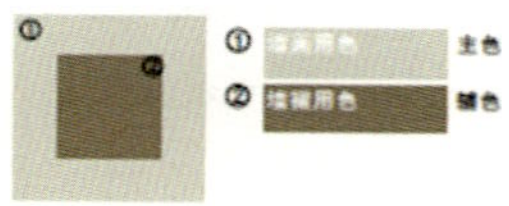	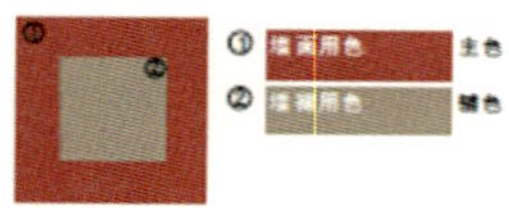	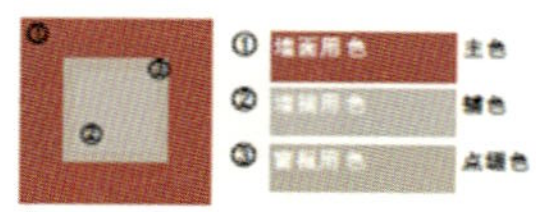

历史事件与建筑形制的关系

明末清初至鸦片战争前夕		鸦片战争时期		鸦片战争之后的二十年	
闽南民居大厝		多国领事公馆		华侨别墅第宅	
目前，在鼓浪屿上已经找不到清以前的建筑遗迹，现存最早的建筑即清代的民居大厝。鸦片战争以前这种闽南传统民居遍布岛上，鸦片战争之后虽然继续被保留，但数量逐渐减少。		鸦片战争以后，厦门成为五口通商口岸之一。英、美、西班牙三国相继在鼓浪屿设专职领事，其他国家则以商人、洋行经理等兼任领事在鼓浪屿活动，甲午战争前夕，居住在鼓浪屿的外国人急剧上升，在鼓浪屿的各种政治、经济、文化机构也随之激增，西洋建筑形制的领事馆等建筑得到迅速发展。		明清之际，由于泛洋通商的兴盛，闽南人的足迹逐步遍及东洋西洋，厦门也由此渐渐成为我国东南沿海的一个通洋口岸和华侨出入的门户。到了19世纪末期，少数靠勤俭起家、事业有成的华侨衣锦还乡，大规模地建造了许多颇具特色的别墅宅邸。建设过程中华侨们往往将他们仿自西洋建筑的作品掺合了个人的爱好和生活习惯，大胆地做折衷处理。	
举例	四落大厝	举例	日本领事馆	举例	赤足山庄
建筑图片		建筑图片		建筑图片	
主要建筑材料		主要建筑材料		主要建筑材料	
建筑色彩提取	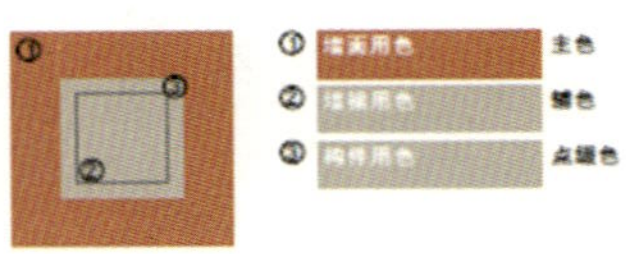	建筑色彩提取	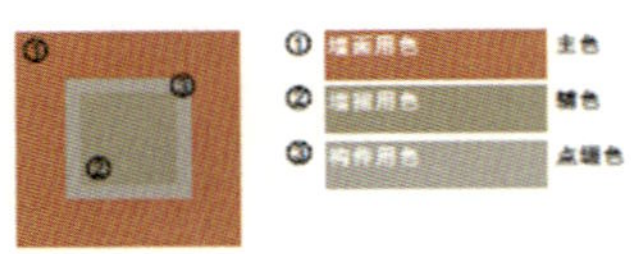	建筑色彩提取	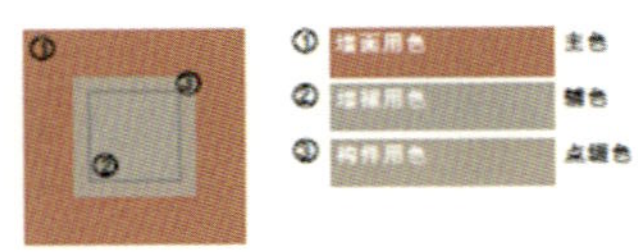

3）现状色彩问题及梳理

现状屋顶色彩还原

经过两次现场调研，我们对鼓浪屿建筑的屋顶色作了详细的梳理和分析，并尽可能地作一对一的还原，以有助于整体了解和把控其总体的用色基调及分布特征，为以后的色彩规划提供依据。

现状墙面色彩还原

通过详尽的实地调研和取样，我们对鼓浪屿建筑的墙面色和点缀色进行整理和分析，并尽可能进行了一对一的还原，将总体的色彩现况通过提取墙面主色调的方式呈现出来，有助于我们从总体上去了解整体色彩的基调、比例及分布特征，为以后的色彩规划提供合理的、科学的依据。

北部现况问题分析

分区	序号	分项	形象描述	现况描述	现存问题	整改意见/方向/策略	整改方法	愿景描述
	1	整体		鼓浪屿北部区域以民居为主，福建工艺美术学院也座落在北部地区。建筑风格分为闽南特色建筑和现代新建筑。商业建筑比较少。整体色调为红灰色调，其中穿插少数颜色较艳建筑。	城市经过长期发展已失去当年面貌，建筑老化严重。老宅名宅大部分年久失修，只有少数老宅得到妥善的修复和保护，新建建筑和部分改造家庭旅馆破坏了建筑原本的格局和风貌。房地产的进入也使鼓浪屿特色削减。	历史保护建筑可依托现状进行改造，使历史文脉得到保护、延续。民居建筑在整修过程中要把握材料品质。现代建筑风格和色彩应当符合当地特色。	在建筑改造过程中应尽量还原建筑原貌和建筑内部格局，修旧如故。协调自然景观和历史建筑之间的关系。保持建筑风格不变。及时修复历史建筑。规划、整改当地旅游业，突出特色旅游。	开发和半开发的自然景区(包括部份零散住宅)具有自然人文相互协调，具有生态和地域文化于一体的休闲旅游区。
	2	街道		鼓浪屿北部区域街道纵横交错，宽度较狭窄，曲径通幽。街面与建筑及围墙相连，相对较幽静。	鼓浪屿北部街道由于时代的发展，传统色彩削减，失去了鼓浪屿的传统特色。	根据街道功能进行统一规划，如广告位的形式，空调位统一安放。新建筑要协调老建筑，以老建筑的色彩为基点向四周延伸。	减弱新老建筑之间的差异。	以功能特色为依托，营造富有区域特色的街道氛围。
	3	单体		鼓浪屿北部区域新旧建筑差异较大，新建筑包括沿海新建别墅和房地产开发建筑和居民新造建筑，颜色多样。旧建筑包括早期国外和华侨留下的建筑，和填海时期的普通居民建筑。	鼓浪屿北部建筑现存问题主要是：老的建筑年久失修，表面建材退色严重，较为陈旧破败。新建建筑缺少统一把控，个别新建筑的用材用色不规范，并且缺少建筑细节。	历史建筑做到修旧如故，不改变原来的建筑整体外观形象。	历史建筑保持原有建筑特色，修旧如旧，在现代建筑中运用具有本地特色的材料和颜色，做到新旧统一。	挖掘地域建筑特色，进行现代建筑转型，营造具有当地特色的建筑形象。
	4	构件		鼓浪屿北部区域构件主要有几种形式：窗饰、门楼、栏杆、保笼。	历史建筑中的构件保护力度不够，部分存在残损现象。新建筑的构件缺少历史联系，有些构建颜色运用过艳。	维修历史建筑上破损的构件，去除或调整影响整体建筑色彩效果过艳丽或对比过强的构件。	进行单体建筑构件的色彩设计，使构件起到丰富建筑立面色彩的功能。	丰富建筑单体立面整体效果，体现当地建筑的形象特质。
	5	铺地		鼓浪屿北部区域铺地分为沿海区和居住区两类不同风格。沿海铺地以石板为主，有烟脂砖特色的铺地和艺术砖马赛克形式的铺地。居住区铺地有水泥、柏油、石砖、石材。	缺少岛内原本特色铺地，石材类铺地表情过于生硬，不符合原本面貌。	使该区域铺地符合地域特色，符合区域环境，体现功能特性，整改不合理之处。	路面色彩可突出重灰基调，不宜太亮。柏油铺地要尽量保留。	该区域铺地应符合地域特色，符合区域环境，体现功能特性，能和周围建筑很好的融合。
	6	城市家具		鼓浪屿北部城市家具分为两类：沿海区城市家具和居住区城市家具。	沿海区块的部分城市家具相对有鼓浪屿的特色，品质中等。 居住区块城市家具相对较普通，没有城市个性，挪用大众的市面产品，设计品质不高，比较凌乱，缺乏统一性，使环境品质下降。	鼓浪屿北部城市家具应在符合鼓浪屿特质的情况下统一其设计形式、材料，使之符合鼓浪屿的表情，提升整体品质。	重新设计城市家具的形式，使之富有当地历史文化特色。	城市家具应该符合当地自然环境特质和历史文化特征，根据不同环境体现不同色彩表情和特色。
	7	广告空间		本区的商业态较少，广告形式单一陈旧，广告用色艳俗、杂乱，品相较差。	广告空间缺乏统一控制和限定。标识设计品质不高，破坏建筑立面效果和造成环境的视觉污染。	广告标识的尺度、形式要统一设计，尽量做到形式和材质的统一。	广告标识应该总体规划设计，尽量做到形式和材质的统一，去除影响较大的广告色彩，广告牌内容可由商家自行设计。	符合区域街道特色，不影响整体街道立面色彩形象，与业态相协调。
	8	用色		鼓浪屿北部墙面用色以红色和灰色为主色调，点缀色艳度较高。屋顶用色以灰红色系为主。	鼓浪屿北部老建筑颜色退化失去当年风彩，新建筑缺乏严格把控，材料质量不高，颜色过艳。移植非本土的用色方式使色彩特色逐渐消减，用色多样，显得杂乱无章。	整体规划，提高建筑用色用材的品质。	以整体来考虑建筑用色，实行色彩规划，提升材料本身颜色质量。	在延续传统历史色彩走势的基础上，历史建筑用色进一步传承，现代建筑与传统建筑和谐共生，形成古韵今辉。
	9	建材		鼓浪屿北部建筑用材分为几大大类型，烟脂砖、混凝土、石材、磁砖和涂料等；烟脂脂砖和混泥土占较大比例。	建筑材料多样，部分材料不附合鼓浪屿特质，材料本身品质不高。如现代仿烟脂砖材料用色较艳，肌理品质较差。白瓷砖（广东砖）没有地方特色，涂料肌理质感用色品相不高。	提高新型材料和涂料用色品质，设计运用材料应附合鼓浪屿特质。	去除非本土传统用材，如广东砖。对本土材料实行旧材新用，既传承了地方特色又不乏与现代结合。	建筑用材在新老建筑之间相互运用相互融合，现代建筑用材传承传统建筑用材的特质。

中部、东部现况问题分析

分区	序号	分项	形象描述	现况描述	现存问题	整改意见/方向/策略	整改方法	愿景描述
	1	整体		该区域以居住为主、行政、商业为辅，主要包含了四类建筑：保存较为完整的风貌建筑；有当地特色，以福州路为代表的大面积红砖的特色建筑群；没有明显风格、结构简陋、缺少细节的普通建筑；建筑外墙、门窗有破损，存在违章搭盖现象的危房。	没有进行妥善的管理、维护，导致一些风貌建筑闲置、破败，甚至成为危楼。 福州路一带的特色红砖建筑区域贫民化，生活区人们的人文素质在下降，导致文化气息减弱。 新造别墅群建筑表情不符合鼓浪屿的特质。	“修旧如故”，将特色风貌建筑从环境到室内的装饰都进行重新修整，重新找回当年鼓浪屿的奢华风情，结合现代化的服务与设施，打造特色高档度假住区。利用风貌建筑高端度假区吸引精英人士的入驻，弱化鼓浪屿目前较低端的旅游发展模式，进而提升本岛的素质。	集中修缮几处闲置风貌建筑将其打造为特色度假酒店，形成一个高端度假休闲场。 增加中高端文化活动及商务活动配套区域。 把特色红砖建筑区域的立面进行整修，避免出现加建、违章等脏乱现象。	具有自然人文相互协调，具有生态和地域文化于一体的休闲旅游区。
	2	街道		本区的商业态比较多，由于缺乏规划，商业态色彩无序与过度的使用。店招店面无限制、无秩序地使用高艳度色彩，必将导致整体环境的繁杂紊乱，降低环境的品质感。	该区部分街道的铺地经过重新铺装，改成方砖铺地，失去了本来特色的柏油铺地。街道两侧临时搭建的建筑与原有建筑的形制和建材都相差甚远，降低了街道的形象品质。	根据街道功能进行统一规划，如广告位的形式，空调位统一安放。新建筑要协调老建筑，以老建筑的色彩为基点向四周延伸。	减弱新老建筑之间的差异，整改商业态，改变脏乱差的现状。	以功能特色为依托，营造富有区域特色的街道氛围。
	3	单体		本区建筑色彩较为统一，多为具有当地特色的胭脂砖，较为美观。部分现代建筑的立面采用涂料、釉面砖等材质。	历史建筑保护力度不够，有些在改造过程中营造方式不当，失去了原有建筑的特色。 现代建筑用材用色不规范，缺少建筑细节，用色和材料品质不高，缺少统一控制。与历史建筑割裂太多，缺少地方特色。	历史建筑做到修旧如旧，现代建筑要整体规划，延续鼓浪屿的特色。	历史建筑保持原有建筑特色，修旧如旧。现代建筑立面运用具有本地特色的材料和颜色，做到新旧统一。	挖掘地域建筑特色，进行现代建筑转型，营造具有当地特色的建筑形象。
	4	构件		本区的历史建筑中构件的时代特征较为明显，例如百叶窗、窗套雕花等，带有浓郁的中西合并的特色，现代建筑上的构件较为简单，缺少地域特色。	历史建筑中的构件保护力度不够，部分存在残损现象，新建筑的构件缺少历史联系。有些构建颜色运用过于艳丽。	维修历史建筑上破损的构件，去除或调整影响整体建筑色彩效果过艳丽或对比过强的构件。	进行单体建筑构件的色彩设计，使构件起到丰富建筑立面色彩的功能 。	合理呈现或丰富单体建筑立面整体效果，体现当地建筑的形象特质。
	5	铺地		鼓浪屿中东部铺地风格较多，广场和沿海道路铺地以石板为主，有烟脂砖特色的铺地和艺术砖马赛克形式的铺地。居住区铺地有水泥、柏油、石砖、石材。	沿海铺地以石板为主。居住区铺地有水泥、柏油、石砖、石材。缺乏地方特色，总体而言没有明显风格，铺砖与建筑之间协调性差。	使该区域铺地符合地域特色，符合区域环境，体现功能特性，整改不合理之处。	路面色彩可突出重灰基调，不宜太亮。柏油铺地要尽量保留。	该区域铺地应符合地域特色，符合区域环境，体现功能特性，能和周围建筑很好的融合。
	6	城市家具		本区的城市家具缺乏系统的规划组织，形式和色彩均缺乏本地特色。	沿海区块的部分城市家具相对有鼓浪屿的特色，品质中等。 居住区块城市家具总体品相不高，缺乏地方特色，挪用大众的市面产品，设计品质不高，比较凌乱，缺乏统一性，使环境品质下降。	鼓浪屿城市家具应总体提高品质。找到符合鼓浪屿特色的设计理念，突出历史感、文化感。	重新设计城市家具的形式，使之富有当地历史文化特色。	城市家具应该符合当地自然环境特质和历史文化特征，根据不同环境塑造不同色彩表情和特色。
	7	广告空间		本区的商业态较多，表现出广告空间无统一规划，品质不高，品相较差，杂乱无章的特点。	现状广告标识大小不一，色彩杂乱，与建筑物不协调。多数广告标识的设置遮挡建筑的外部特征；广告空间整体杂乱无秩序，形成了一定的视觉污染。	广告标识的尺度、形式要统一设计；尽量做到形式和材质的统一。	广告标识应该总体规划设计，尽量做到形式和材质的统一，去除影响较大的广告色彩。广告牌内容可由商家自行设计。	符合区域街道特色，不影响整体街道立面色彩形象，与业态活力相协调。
	8	用色		鼓浪屿中东部居住区墙面用色以红色和灰色为主调。商业区以亮灰色系为主，点缀色艳度较高。 屋顶用色以红色和暖灰色为主，其中夹杂个别蓝色屋顶。	本区的现代建筑用色比较杂乱， 有些传统建筑在修复过程中没有使用传统建材，导致区域特色缺失。	整体规划，提高建筑用色的品质。	在用材方面保持或延续传统建筑用材，强调建筑立面用色观念，相对进行色彩设计	在延续传统历史色彩走势的基础上，历史建筑用色进一步传承，现代建筑与传统建筑和谐共生，形成古韵今辉
	9	建材		鼓浪屿中东部建筑用材有：烟脂砖、混泥土、石材、瓷砖和涂料等几大类型；商业区多为涂料或瓷砖。	传统材料没有很好的延续，现代建筑大量运用简单工艺和建材，品质感较差，不符合鼓浪屿地域特色。	延用传统建筑用材，改进传统建材的用法，进行合理运用。	去除非本土传统用材，如广东砖。对本土材料实行旧材新用，既传承了地方特色又不乏与现代结合。	建筑用材在新老建筑之间相互融合。 现代建筑用材传承传统建筑用材的特质。

南部、西南部现况问题分析

分区	序号	分项	形象描述	现况描述	现存问题	整改意见/方向/策略	整改方法	愿景描述
	1	整体		鼓浪屿西南部主要是民居、学校、商住家庭旅馆为主.包括南洋风格的老别墅、福建特色胭脂砖民居建筑和现代化房地产开发新型建筑。旅游景点也多集中在本区域。色调以红和灰为主点缀色较艳。屋顶以红瓦为主调。	鼓浪屿西南部现存问题主要是老建筑年久失修，建筑颜色退化严重，陈旧破败。个别新建建筑用色和材料品质和不高，缺少建筑细节，房地产业的进入也使鼓浪屿特色削减。	保护建筑可依托现状进行改造，有利于建筑可持续使用，使历史文脉得到保护和延续。民居建筑在整修和新造的过程中要求把握材料品质。现代建筑风格和色彩应当符合当地特色。规划、整改当地旅游业，突出特色旅游、文化旅游。	规划、整改当地旅游业，突出特色旅游、文化旅游。在建筑改造过程中应当以最大还原建筑原貌和建筑内部格局，保持建筑风格不变，修旧如旧。协调自然景观和历史建筑之间的关系。	打造具有自然人文相互协调，生态和地域文化于一体的休闲旅游区。
	2	街道		鼓浪屿东南部因为建筑较为密集，街道较狭窄，呈现出曲径通幽的特色。沿海地区的道路较宽。	鼓浪屿北部街道由于时代的发展，传统色彩削减，失去了鼓浪屿的传统特色. 未改造过的街道两侧临时搭建的建筑与原有建筑的形制和建材都不够和谐，降低街道的形象品质。	根据街道功能进行统一规划，如广告位的形式，空调位统一安放。新建筑要协调老建筑，以老建筑的色彩为基点向四周延伸。	减弱新旧建筑之间的差异。	以功能特色为依托.营造富有区域特色的街道氛围
	3	单体		本区建筑色彩丰富，多为具有地方特色的胭脂砖，部分现代建筑的立面采用涂料、釉面砖等材质。	历史建筑保护力度不够，有些在改造过程中营造方式不当，失去了原有建筑的特色。 现代建筑用色不规范，缺少建筑细节，建筑用材品质感不高，缺少统一把控规范，与历史割裂太多，缺少地方特色。	历史建筑做到修旧如故，不要改变原来建筑的整体形象；现代建筑要进行整体规划，延续鼓浪屿的特色。	历史建筑保持原有建筑特色，修旧如故。 现代建筑运用具有本地特色的材料和颜色.做到新旧统一。	挖掘地域建筑特色，进行现代建筑转型.营造具有当地特色的建筑形象。
	4	构件		本区历史建筑中的构件较有特色，例如百叶窗、窗套雕花等，带有浓郁的中西合并的特色。	历史建筑中的构件保护力度不够，部分存在残损现象。新建筑的构件缺少历史联系。有些构件颜色过于艳丽。	维修破损的构件，去除或调整影响整体建筑色彩效果过艳丽或对比过强的构件。	进行单体建筑构件的色彩设计，使构件起到丰富建筑立面色彩机理的功能。	合理呈现或丰富单体建筑立面整体效果，体现当地建筑的形象特质。
	5	铺地		鼓浪屿西南部铺地分为沿海和居住区两类不同风格。沿海铺地以石板为主，有烟脂砖特色的铺地和艺术砖马赛克形式的铺地。居住区铺地有水泥、柏油、石砖、石材。	沿海铺地以石板为主。居住区铺地有水泥、柏油、石砖、石材。总体而言没有明显风格。铺砖与建筑之间协调性差。	使该区域铺地符合地域特色.符合区域环境.体现功能特性.整改不合理之处。	路面色彩可突出重灰基调，明度不宜太高。柏油铺地要尽量保留。	该区域铺地应符合地域特色，符合区域环境，体现功能特性，能和周围建筑很好的融合。
	6	城市家具		本区的城市家具缺乏系统的规划组织，形式和色彩均缺乏本地特色。	①沿海区的部分城市家具相对有鼓浪屿的特色.品质中等。 ②居住区城市家具总体品相不高，缺乏地方特色，挪用大众的市面产品，设计品质不高，比较凌乱，缺乏统一性，使环境品质下降。	鼓浪屿城市家具应总体提高品质，找到符合鼓浪屿特色的设计理念，突出历史感、文化感。	重新设计城市家具的形式，使之富有当地历史文化特色。	城市家具应该符合当地自然环境特质和历史文化特征，根据不同环境体现不同色彩表情和特色。
	7	广告空间		本区的商业态较少，但也表现出广告空间无统一规划，品质不高，品相较差的特点。	现状广告标识大小不一.色彩杂乱，与建筑物不协调.多数广告标识的设置遮挡建筑的外部特征；广告空间整体杂乱无秩序，形成了一定的视觉污染。	广告标识的尺度、形式要统一设计； 尽量做到形式和材质的统一。	广告标识应该总体规划设计，尽量做到形式和材质的统一，去除影响较大的广告色彩。广告牌内容可由商家自行设计。	符合区域街道特色，不影响整体街道立面色彩形象，与业态活力相协调。
	8	用色		鼓浪屿西南部墙面用色以红色和灰色为主调。点缀色艳度较高。 屋顶用色以红色和暖灰色为主色调。	本区的现代建筑用色比较杂乱，有些传统建筑在修复过程中没有使用传统建材，导致传统特色缺失。	整体规划，提高建筑用色的品质。	在用材方面保持或延续传统建筑用材，强调建筑立面的传统配色观念，进行色彩设计。	在延续传统历史色彩的基础上，现代建筑与传统建筑和谐共生，形成古韵今辉。
	9	建材		鼓浪屿西南部建筑用材有：烟脂砖、混泥土、石材、瓷砖和涂料等几大类型；烟脂砖和混泥土占大部分比例。	传统材料没有很好延续，现代建筑大量运用简单工艺和建材，品质感较差，并不符合鼓浪屿地域特色。	延用传统建筑用材，改进传统建材的方法，进行合理运用。	去除非本土传统用材，如广东砖。对本土材料实行旧材新用，既传承了地方特色又不乏与现代结合。	建筑用材在新老建筑之间相互融合，现代建筑用材传承传统建筑用材的特质。

4）色彩规划原则

砖红为主	多彩纷呈	灰黄色调	精致有味
丹	彩	雅	韵
历史底蕴	时尚多元	温润大气	贵族气质
传统建材 历史遗存	文化交融 用色现况	茂盛植被 天水共存	地方特色 人文气息

5）色彩规划方法

1 现况色彩梳理得出色彩总谱；

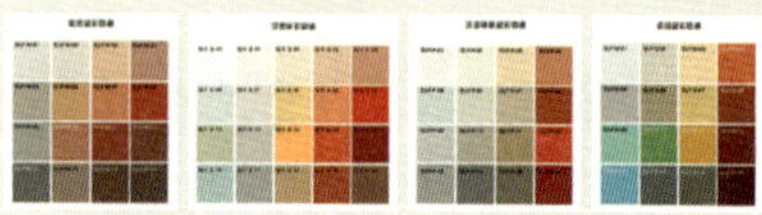

通过宏观及微观的现场调研，找寻出鼓浪屿的本土色彩特征及民众用色喜好和配色习惯，分析总结出鼓浪屿的色彩演变史及平面分布特征，通过现况色彩的还原，提炼出鼓浪屿屋顶、墙面、墙面辅助、点缀色四大总谱，作为总体色彩基调，指导未来的色彩规划；

2 政府规划解读得出分区定位；

色彩规划因充分考虑政府的总体建设目标、城市规划分区、鼓浪屿环状结构发展趋势、用地功能、道路规划等，在此基础上结合四大色彩总谱，给出每个区块特定的分区图谱及色彩定位关键词；

3 根据分区定位运用色彩总谱得出分区用色总谱；

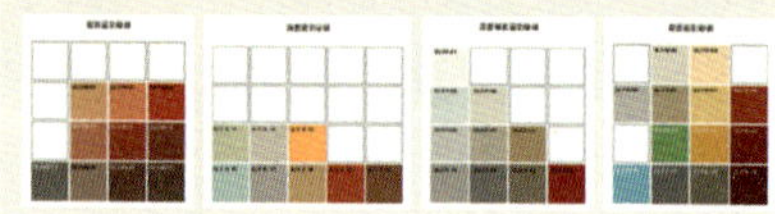

区域名称：龙头路片区
区域功能：以商业旅游为主
区域色彩关键词：丰富

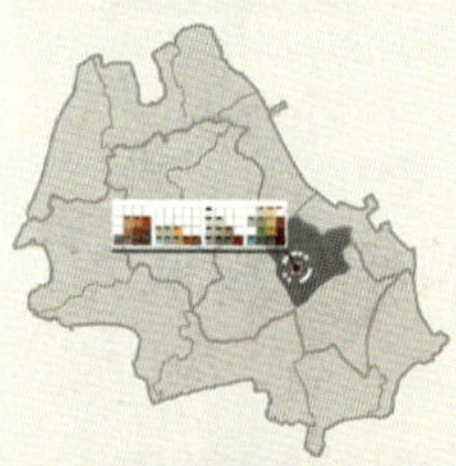

4 将分区用色总谱对应至每个分区得出分区色彩表情；

通过对每个区块定位的分析，给出每个区块的用色总谱，得出分区色彩表情；

5 根据分区色彩表情结合城市规划得出总体色彩方案演绎；

根据分区色彩定位及鼓浪屿环状结构发展趋势，给出符合当地的色彩规划方案演绎；

6 根据总体色彩方案演绎，将分区用色总谱的颜色分布进每个区块，得出总平面色彩方案；

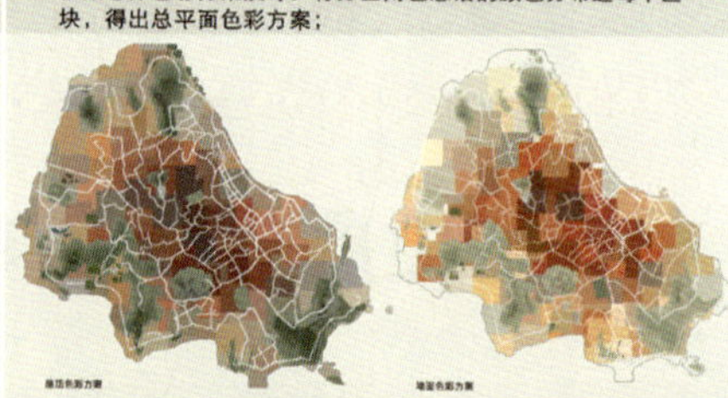

在色彩规划方案演绎及分区用色总谱的指导下，通过色块衍生的手法将符合本区域表情的色彩分布进每个区块，形成总平面色彩方案；

6）分区用色图谱

鼓浪屿主要分为内核中心区域和外环海滨区域两个部分，根据其自身的功能定位，赋予区块自身特定的色彩定位：核心城市中心区域多以中低明度中高艳度的暖红色系为主色调；外海滨带区域多以中高明度中低艳度的暖黄色系为主，其中穿插少许中明度中高艳度冷色系。

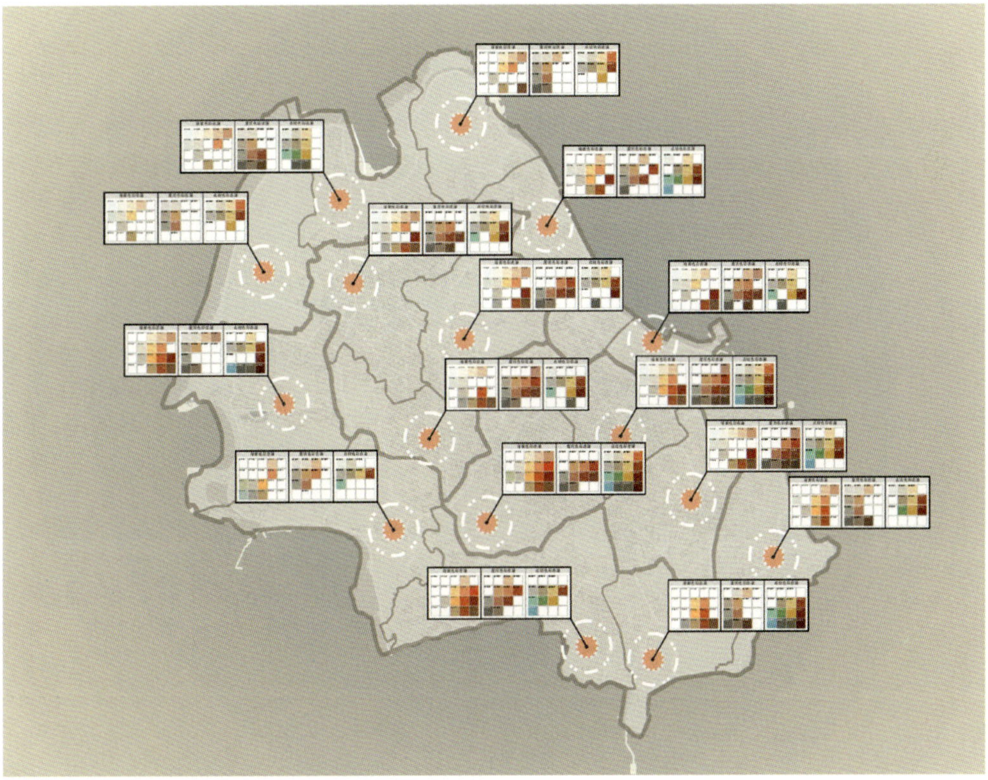

7）总平面色彩走势

鼓浪屿的总平面色彩走势：以内核城市区为中心，尊重其本来色彩面貌，以由大量传统烟炙砖所形成的中低明度中高艳度的暖红色系为主调色，逐渐向外海滨带，以新建建筑所形成的中高明度中低艳度的暖黄色系过渡。实现从统一到缤纷，从沉稳厚重到活泼明快的自然过渡。

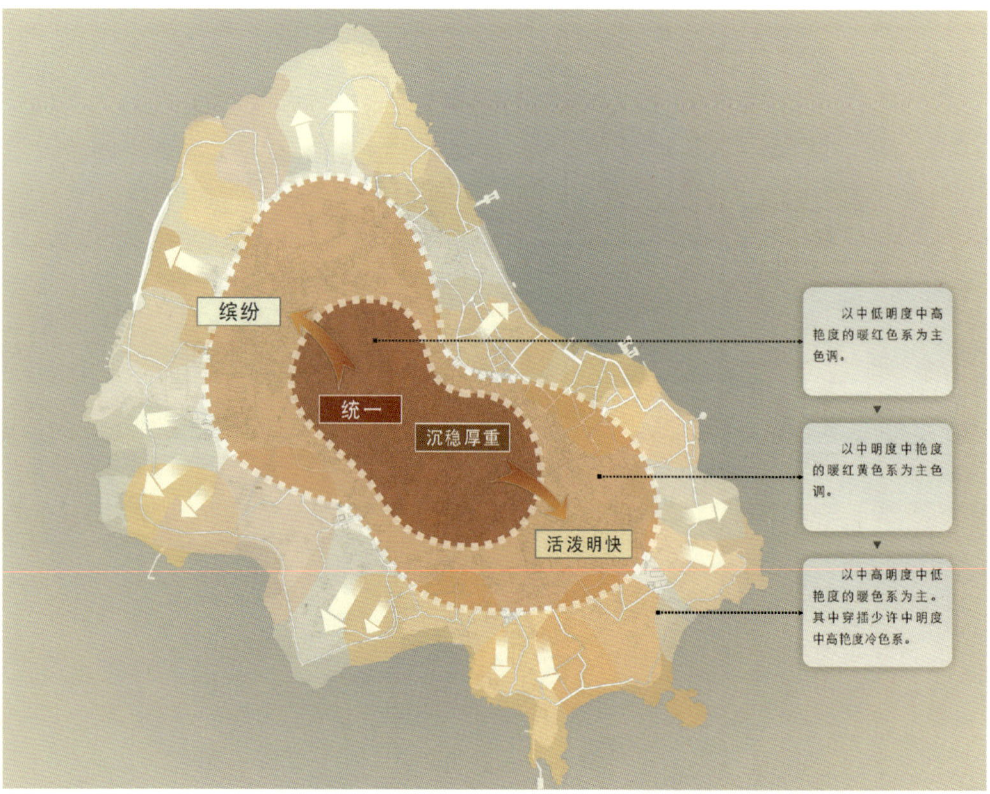

8）重点街区案例

龙头路南立面为例

鼓浪屿街道空间的色彩氛围主要通过以下几方面来营造：

用色节奏	屋顶系统	裙房骑楼系统
对比梯度	立面系统	铺地系统
色调氛围	店面系统	城市家具系统
肌理对比	店招系统	
面积对比	遮阳系统	

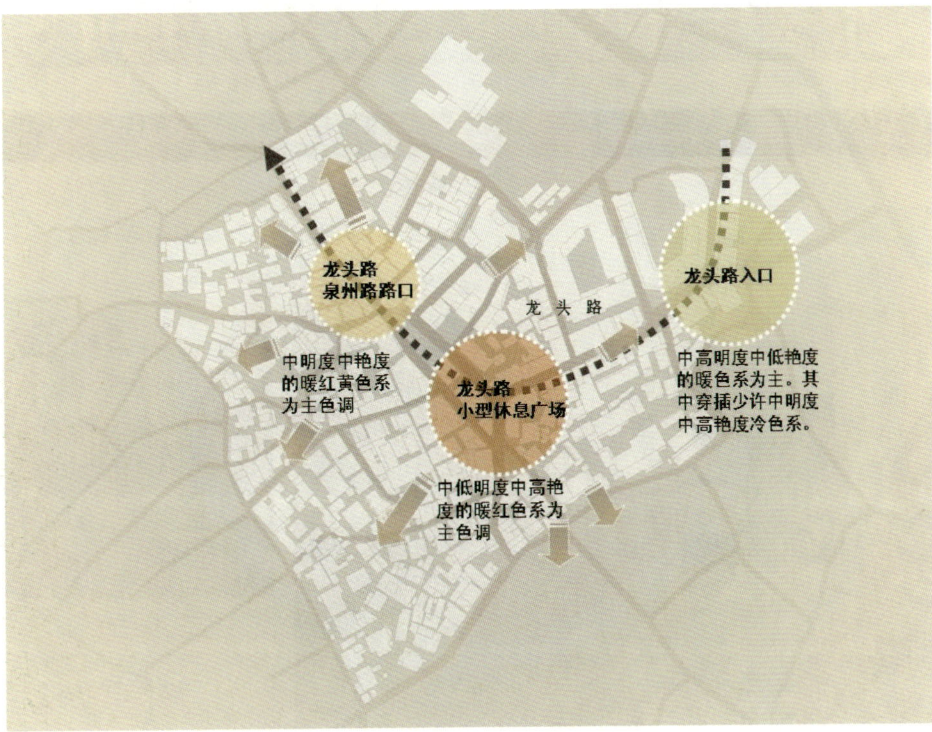

现况还原：　色彩无序、跳跃 节奏感韵律感欠佳

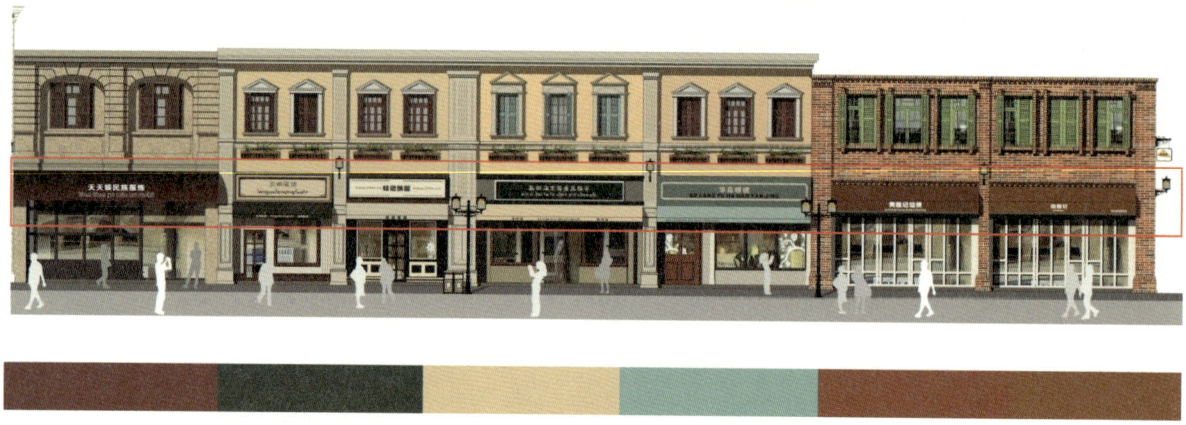

龙头路街道改造示意图

人流密度呈现出“白热晚冷”的现象

四、艺术·时空

艺术在这里展开了梦想与现实之间的时空转换，既是在探索历史遗产保护、开放的岛屿与居民生活之间的关系问题，也是在构想如何在岛屿有限的时间空间里释放感知者的体验与想象。在这样的意义上，我们提出时空分流与时空交叠，以时空分流来进行人流控制，以时空交叠来营造具梦幻感的体验，以人流调控下的多时间段勾勒出岛屿不同的主题参观及各自最佳呈现的时间段。

（一）时空分流

鼓浪屿人流控制的现状问题是：人流量超标，旅游超负荷运转；人流密度东西分布严重不均且“白热晚冷”问题严峻；鼓厦之间的串联项目未能有效配合。因此，建议从时空的双层面进行人流控制。

区域分流

1. 原则

控制人流：保护鼓浪屿的自然和人文财富；

和谐发展：妥善解决好世遗的保护、开放的城市和居民生活的关系；

科学完善：通过更为科学的体系疏解人流，更为完善的政策协调各种关系

2. 方式

岛内分流、岛城联动，实现旅游人流的平衡分布；

结合多码头多航线组合，形成有效的人流控制机制。

3. 内容

（1）岛内分流

区域分流：东岸以枝蔓型的特色街区分流主游线的人流，迁移吸引人流的重点项目至西部。西岸的内厝澳片区打造特色街区牵引旅游人群。以艺术西岸创意集群作为

时间分流

亮点吸引拉动东部人流至西部，以实现东西旅游人口平衡。

时间分流：白天进行项目分解、夜游宣传、媒体打造，夜晚制造夜间景点和月光游线。夜游原则上分布在外环滨海带，保证内环城市区的安静，定位以夜间艺术展演体验为主，强调体验感与精品化，配套打造以海上巴士停靠站作为重要节点的夜间休闲区域。沿夜游路线路线进一步完善鼓浪屿夜间灯光系统。发展以夜间游览路线、夜间表演、夜间展示等为主的鼓浪屿月光经济，以实现日夜旅游人口平衡。

（2）岛城联动

鼓浪屿对岸更新：这里指完善厦门营平片区的旧城有机更新与特色商业街区的打造，可启动厦港片区的开发，制造和鼓浪屿对望的高新创意产业与闽南特色结合的复合型文创区。以上区域作为鼓浪屿旅游的人流缓冲主要分流点，两个片区具备独具特色的厦门老骑楼景观，开发模式各具特色，和鼓浪屿景致相得益彰，隔岸对望。

岛城联动的媒体示意

鼓厦全岛联动：在鼓浪屿岛内设置与厦门联动的精英化、小型化、多样化的活动；在对岸厦门区域设置产业化、热点化项目，将营平片区骑楼区营造为鼓浪屿预约制下的人流分流点设置的海峡两岸购物街商铺；厦门国际会展中心作为鼓浪屿各种艺术展览、大型峰会、大型艺术节的分会场；厦门大学等院校作为国际巡回论坛、教育项目的分站点。

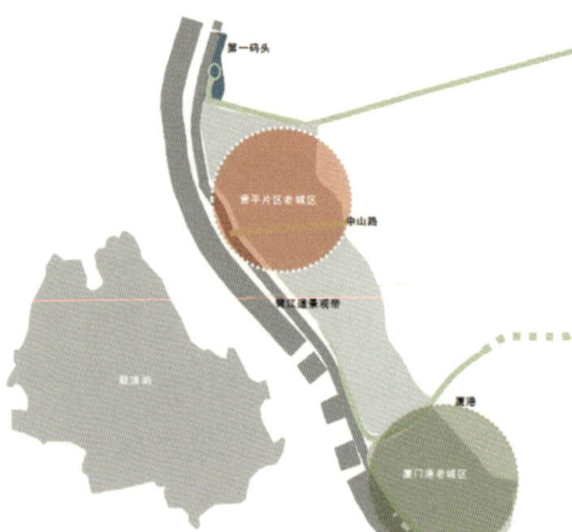

岛城联动

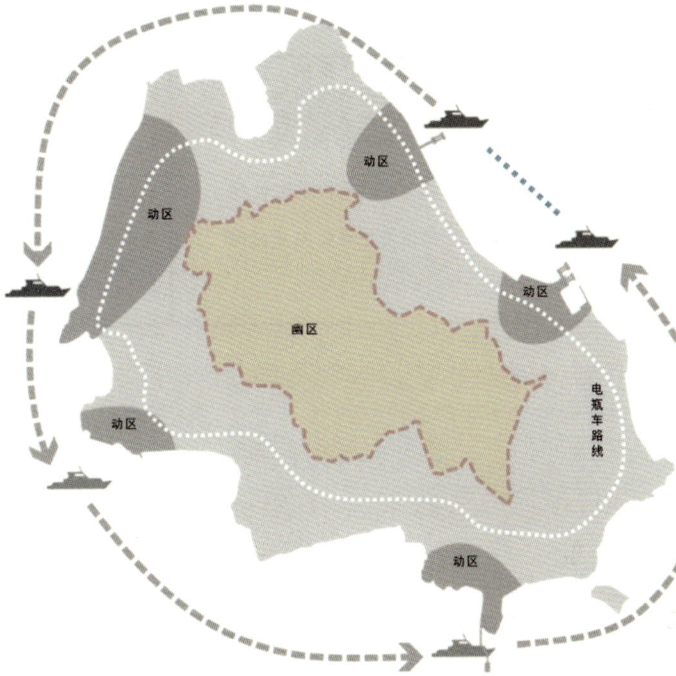

分区控制

4. 实施

（1）分区控制

动区限制：每个码头边设立动区引导系统，以此限制人流滞留时间，动区内人流快速流动，搭配海上巴士，满足未能预约的公众的上岛愿望。幽区控制：以内外环城市区为主的幽区内严格控制人流。改善电瓶车系统：动区幽区策略设置后，建议可大大减少电瓶车使用，使鼓浪屿成为真正的无车岛，强化“步行岛、慢生活”的理念。这样，以码头附近观光设施为目标的环岛游线路成立后，海上路线加动区就可完成观光型旅游，观光型游客不必深入岛内便达到目的。

	上岛预约制	上岛一票制
优势	1. 有效控制上岛人数，利于遗产保护，管理方便。 2. 岛上居民及其亲友、游客出入来访方便。 3. 能以损失小额度上岛门票收入，换得整个大厦门旅游业等相关产业链条的全面复兴。	1. 减少上岛人数，利于遗产保护。 2. 直接增加上岛门票旅游收入。 3. 上岛游客消费能力层次得以调节更新。 4. 利于更新岛上低端产业。
难点	1. 游客消费平均值较低，无法促使岛上低端产业迅速更新。 2. 鼓浪屿对岸厦门潜在旅游景点暂时未能得到有效开发。 3. 预约略微复杂。	1. 岛上居民及其亲友、游客出入来访不方便。 2. 一票制是旅游地的老办法，正在陆续取消中，无法对景区周边经济形成有效带动 3. 鼓浪屿周边居民心理接受度和认可度不够。 4. 一票制控制出入岛人群的管理机制较复杂。

预约制和一票制的利弊讨论：上岛预约制最行之有效，并有助于申遗和厦门城市形象塑造，这里，管理一元化是核心问题。

预约制的注意事项

(1) 上岛人数限额。建立预约制度，超过人数不再上岛。

(2) 提倡和支持鼓浪屿多日游及深入游。控制长假游，不鼓励一日观光型游客。

(3) 取消鼓浪屿上为收门票而存在的博物馆，为申遗打开绿灯。

(4) 挖掘厦门景点带，大力开发鼓浪屿对岸厦门地区潜在旅游景点，促使鼓浪屿对厦门旅游业的全面带动。

（2）多码头多航线组合

鼓浪屿现有三个常用旅游码头（一个新建尚未投入使用）；三个对岸常用码头（一个新建尚未投入使用）；四条主要旅游航线。这里呈现出码头相互匹配和使用率不合理，

人流密度呈现出“白热晚冷”的现象

航线未能发挥最大作用的问题。建议修整后的码头数增至七个，最大限度利用现有码头资源。对岸码头合并形成三个，形成科学的厦门海上游岸线。修整后的航线有四条，分别是：海上巴士环线、厦门海上游航线、针对东西两岸的两条鼓厦对流航线。

（二）时空交叠

时空交叠的设想，旨在营造时空交叠的展示体验模式，强调梦幻感，传达给观者风云变幻在身边流转、穿过的体验，通过同一时间的多空间交叠，同一空间的多时间（时代）交融，营造时空变换交融的虚拟体验。

以主题性的展示加上时间的线路，呈现主题性的时空层，打造主题性调控下的时空交叠。多时间、多点展示岛屿的不同主题，以调控下的多时间段勾勒出岛屿不同的

不同时段的鼓浪屿

街道的夜晚与白天

主题参观路线和各自得以最佳呈现的时间段。多时间指的是以月、周、日或小时计的不同时间单位阶段，多点指的是分散于全岛范围内的多个空间地点。在全岛时空总体调控下的，营造具有能动性的展示网链，营造岛屿的多中心与多重时间，实现资源的有效利用和片区带动作用，营造时空交叠之中的梦岛体验。

5

第五章

“可能性构建之中的‘无形’构想”
鼓浪屿艺术人文类城邦的复合发展新模式

在上一章，我们述说了鼓浪屿文化发展的可能性方向构想及相关路径，在这里，当我们在讨论一种构想的延展性时，我们更愿意把它放在一个可以生发的整合体中来言说，它因为相对的“无形”，反而更具整体意义上的密切关联，那是可以直接关乎人的内心的。因为，即使历史、经验、思想、能量都具有价值，但是还有一些内在的价值，是属于梦想的。它可以包含上述，却可以延展更多。

无论是历史还是当下，在陌生感与共鸣感之间，文化活动的活态促进都可以直触人的内心，直接建立和人的对话，这是它可以存在于各个时代的基点。面对鼓浪屿，文化活动的活态促进，可以在岛屿有限的空间中展开无限的可能，在保护历史遗存的前提下具有更多的弹性空间。然而，每个时代有自身的特征，每个地域也有自身的言说，现今乃至未来的鼓浪屿又需要怎样的文化活动的活态促进？怎样的可能性的构建才能在实现历史与当下的对话的同时，也实现岛屿与人之间的真正意义上的对话？在这里，我们作出如下构想和建议。

第一节 “无形”的密切

一、“有形”的现在

文化活动项目内涵有待提升：鼓浪屿展演项目类型少，演出频率低，展示方式陈旧。缺乏有效统筹安排，未建立有效传播系统。

文化活动项目空间布局尚待完善：分散自发，联系不密切，无法形成全岛文化联动，未能发挥展演活动对区域产业结构的带动更新作用。

尚缺国际级文化综合性精品项目：厦门含金量高的文化项目屈指可数，未形成国际级文化会展品牌带动整个城市形象和区域发展。

二、“无形”的图纸

（一）言说

在这张图和后续的文字中，我们要表达的是：文化的活态促进在时间性和空间性上是如何独立存在又彼此关联着，诸多的小点汇聚成怎样的日常生活，一个高点在怎样的绽放又在之前与之后怎样的持续着对这片土地的作用力，历史、生活、时空如何在此交汇又散于各处，以及可能形成的新的图景。

（二）铺展

它包含三个方向的内容：一是作为高点和重点的“海市蜃楼·鼓浪屿”；二是作为基点的常规机构文化活态促进；三是具有专项性的特色展演体验带。“海市蜃楼·鼓浪屿”是不会闭幕的艺术节，它同时也是我们提出的地方文化发展的新模式——即包含了艺术节、流动美术馆、虚拟社区三大方向的文化艺术发展的复合型新模式，这些将在下文展开描述，在这里我们先对后两者做一个简述。

1. 常规机构文化活态促进

（1）原则

常规机构文化活态促进的原则为小型化、多样化、全岛化、常态化、全天化、体验化。以 art-link 艺术链接的方式，即以艺术的眼光去选择，以艺术的态度去体验，链接百业，既是促生他领域中所富含的美学要素和艺术创造力，也是在与他领域的相互碰撞下找寻新的命题与呈现新的图景。常规机构文化活态促进，在时间阶段上是一种持续性行为，根据整体计划关联和主题需要而此起彼伏地展开，在空间上分散于全岛的历史核心要素点和社会业态之中，因而具有持续性、广泛性、联动性和日常性。

（2）机构

这里的常规机构的文化活态促进指的是非艺术专业机构和艺术机构的常规文化活态促进提升。一方面包含了上述的社会业态的联动促生，一方面也重点在进行历史活化后的全岛历史核心要素点的日常活态关联，主要指各类展演、论坛、公共项目等形式，包含创意类项目、学习型综合项目、历史要素点活化项目、地域型纪念项目等内容。这其中在各区域尤为重要的是：

艺术西岸片区：

“海市蜃楼 · 鼓浪屿”当代艺术馆（重点级）

燕尾山片区：

“岛文化”国际艺术博物馆——美国领事馆旧址

笔山会馆——汇丰银行公馆和汇丰银行职员宿舍（重点级）

鼓浪屿音乐时间——救世医院和护士学校旧址

龙头路片区：

公共记忆综合体——延平戏院与鼓浪屿市场

地域人文展演体验带

音乐主题展演体验带

情境空间展演体验带

艺术生活延展中心——中南银行分行旧址

鹿礁路片区：

鹭潮人文大讲堂——协和礼拜堂

2. 特色展演体验带

如果说常规机构文化活态是散落于岛上的宝石有待寻找和浸入的话，打造特色展演体验带就是彩线串珍珠般的串联，是一种介于日常性和专题性之间的体验带。特色展演体验带包括地域人文展演体验带、音乐主题展演体验带、情境空间展演体验带等。

（三）图景

当我们看到这张图纸时，与其说它呈现的是固化的地标，不如说是生长的点、线、面，因为，它在这里所传达的一个时空语境下的关联图景。

燕尾山午炮
“岛文化”国际艺术博物馆
鼓浪屿码头遗址
宏宁医院旧址
笔山会馆
鼓浪屿音乐时间
工部局遗址
“海市蜃楼·鼓浪屿”
当代艺术馆
春草堂
番婆楼
中南银行分行旧址
电话公司经营处旧址
公共记忆综合体
延平戏院旧址
黄氏小宗
黄石宅院
日光岩寺
延平公园
天主堂
海天堂构
廖宅
菽庄花园

第二节 “海市蜃楼·鼓浪屿”

一、地方文化艺术发展的复合型新模式

任何地方的故事都不是按照事先编好的顺序来展开的，我们在提出上述具体构想的同时，也在着力创造一种地方文化艺术发展的复合型新模式，从初衷到落实，它传达的是一种动态变化之下的地方平衡和创新型的地方发展。它是与社会发展自然生成的同步关联，是可以自我生长的文化生态系统。这种文化艺术的复合型新模式的呈现，在这里，我们具体以“海市蜃楼·鼓浪屿”来开启。

“海市蜃楼·鼓浪屿”由“不会闭幕”的艺术节、“流动”的美术馆、“生长”的虚拟社区共同构成。艺术节作为文化活态高点，也是绽放的时刻和联动的源头；以艺术节为标志，“流动”的美术馆将在地方展开行走，串联起不同片区的历史情境和地方文化生活；“生长”的虚拟社区，以艺术与科技的力量，一方面像是漂浮于岛屿上空的虚拟投射，另一方面也是渗入大空间概念的岛屿生活的生长土壤。在下文中我们将分述这种多元互动的文化兴城的期许与图景的展开。在文化振兴大背景下，作为一个新的艺术与地域生活文化相互影响、介入的模式，它将有力的诠释鼓浪屿“人文之岛”“创意之岛”“艺术之岛”“旅游之岛”的文化发展定位以及“艺术人文城邦”的时代形象定位，为文化生活做出贡献。

这种地方文化艺术发展的复合型新模式旨在以高点重启国际文化资源，以城市文化突破区域格局，以文化联动海峡两岸，以文化品牌提升城市形象，以艺术助力人文精神提升，在这样的意愿上，尤其具有下面三个方面的意义：

构建鼓浪屿时代形象

“万国建筑博物馆”“海上花园”“鼓浪屿之波”……鼓浪屿在历史进程中，以自身特殊性在不同时代显示出不同的时代形象。时至今日， 鼓浪屿又将塑造怎样

的时代形象？“海市蜃楼·鼓浪屿”的文化艺术形象在文化振兴大背景下应运而生，它是新时代文化艺术的发声，是历史感与现时性的纵横交错，作为这个时代的鼓浪屿形象，它的完善与演绎将通过两年一届的艺术节来实现，同时，贯穿艺术节前后的文化艺术交流与推广计划也将全面启动，助力鼓浪屿新的时代形象的塑造。

创建艺术城区生活范例

鼓浪屿的独特性源于自身相对独立的整体性，在那些历史岁月中，它与我国其他城市不同，不是部分的开放，而是作为一个相对孤立的岛屿全面而完整的进行着自己的外部交流与内部消化。这种完整性的显现与鼓浪屿的社区文化，与个体的素养、习惯、认识、知识结构等诸多方面密切相关。“海市蜃楼·鼓浪屿”将创建艺术城区生活范例，创意性的采用艺术节与城区生活相结合的全面提升人文精神的方针。

打造海西最具国际影响力文化艺术金名片

在国际上，意大利的威尼斯、巴西的圣保罗、德国的卡塞尔都因为高端的国际艺术节而大幅提升了城市文化形象，在文化艺术领域独树一帜，在国际交流中特色鲜明、定位准确，迎来各类机遇；在国内，北京、上海的各类双年展、艺术节、艺博会同样成为我国北方、南方文化交流的标杆，“海市蜃楼·鼓浪屿”将以高点重启国际文化资源，打造海西最具国际影响力的文化艺术金名片。

二、主题

鼓浪屿是一个经历了百年殖民历史的小岛，东西文明曾在这里发生过不平等的对话和交锋，至今留下强势文化的痕迹。使鼓浪屿在周围的环境里显得如此突兀，看来就像映现了远方的幻影而与本地风景迥然异趣的海市蜃楼。人们看鼓浪屿的眼光也像对于海市蜃楼的惊叹一样，交织着复杂的情绪，中国历史文化自身不得不去面对西方文明时的态度就在这种复杂情绪中得到集中的表现。“海市蜃楼”意味着时间的相互

鼓浪屿在人们内心感知中营造出的“海市蜃楼”

折射，空间的相互折射，现实遗存与心理感知的相互折射，岛内人与岛外人的感悟的相互折射等等，以及这些不同折射所形成的重复折射。诸此种种皆有实体可循，实为人类现实与梦想之间的折射。由此营造的奇幻、多变、多元化，于确定性和不确定性之间，有序和无序之间，使得鼓浪屿这一形象朦胧、重叠，就像海市蜃楼一样，引起世人的期待、引发人文精神的生发与传扬。

三、“不会闭幕”的艺术节

厦门，由于历史选择和自身特质，很早就成为通商口岸，至今也是闽台文化交流的主阵地，从政策扶持到商业接洽，无不显示出自身优势。然而，厦门至今没有属于自己的高端的国际艺术节，这不仅是厦门的缺失，更是海西文化的缺失，以及国际文

化交流中的缺失。于是，我们策划以“海市蜃楼·鼓浪屿”厦门国际艺术节作为高点展演，指向构建鼓浪屿时代形象、创建艺术城区生活范例、打造海西最具国际影响力艺术节金名片。高品质的艺术节往往需要一年甚至几年的筹备，闭幕后大多被视为结束，我们构想创造艺术节与艺术社区生活互联的形式，打造“不会闭幕”的艺术节。

（一）艺术节特点

从社区到国际共享的“不会闭幕”的艺术节

厦门国际艺术节的核心并不限于艺术的内部问题或学术的现实案例，亦非单向的社会性的艺术切入，而是以地域文化为根基的深入研究和以世界对话为目标的交流展示的深度结合。一方面，艺术节以其高端要求和文化影响力可以有效展现和实质性带动艺术社区的发展；另一方面，艺术社区的持续性也将为艺术节提供更具沉淀与地方特征的实际意义与持续生命。岛城联动的互动形式，辅助计划的持续作用，加之流动美术馆与虚拟社区的联动支撑，都使得这个厦门国际艺术节成为，存有主题性阶段更新，而“不会闭幕”的从社区到国际共享的艺术节。

以鼓浪屿为主体与思想源泉的厦门国际艺术节

厦门国际艺术节是以鼓浪屿艺术人文为展示主题的大型节庆。艺术节将鼓浪屿作为主体以及艺术创作与学术活动的根源点，其内在深度的构建基于闽台文化的地域性与艺术节主题的国际性的结合。艺术节以国际化的高端水准作为品质保障，与辅助计划一同，实现对鼓浪屿的艺术人文的持续性构建。

岛内互动、鼓厦互动、闽台互动的艺术节组织方式

厦门国际艺术节采用多方位、深入性、互动性的组织方式。在鼓浪屿岛内，设置有小规模艺术互动体验部分，在不同板块间亦有互动行为勾连，形成岛内互动；将厦门岛南部设置为分展区，以及开幕式远景观赏区，形成与鼓浪屿之间的鼓厦互动；从展品选择、学术研讨到现场展示，以闽台文化为出发点，强化在文化艺术意义上的闽台互动。岛内互动、鼓厦互动、闽台互动的组织方式，在展览期间及展后，也将带来地方文化艺术以及其他行业的联动效果。

（二）艺术节结构设置

“一主三辅”的结构设置：一主指的是主题演绎系列板块；三辅指的是联动互生的三项辅助计划。

主体演绎系列包含核心展示、亚洲艺术论坛、国际主题音乐会、国际艺术博览会等板块。

核心展示（鼓浪屿）：以跨媒体的展示方式，进行主题演绎，展区设置由核心展

鼓浪屿·首届创意亚洲文化发展国际论坛

区与分展区组成。划分原则为：与主题的关联层次，物理距离的合理性，以及人流控制。核心展区设置为鼓浪屿全岛， 届时与核心展同样将在鼓浪屿全岛举办的还包括其他板块的主会场展示部分。分展区设置在厦门岛内，涵盖核心展以外的分展部分，以南部厦港区域为主，包括开幕式远景观赏区。

亚洲文化艺术论坛（鼓浪屿主会场、厦门岛分会场）：汇聚来自全球的亚洲文化艺术专家的亚洲文化艺术论坛，秉持国际性、学术性、发展性，每届更新学术主题，促进各学科交互渗透，制造艺术节文化热点。论坛由主论坛和分论坛组成，主论坛地点设在鼓浪屿思想坞，分论坛设在厦门岛分会场，在艺术节期间陆续开展。

国际主题音乐会（鼓浪屿主会场、厦门岛分会场）：在厦门国际艺术节期间，联合鼓浪屿现有钢琴节等音乐主题活动，整体推出音乐主题体验板块，包含鼓浪屿的各类传统和当代的音乐展演。地点设在鼓浪屿音乐展演场所。

国际艺术博览会（鼓浪屿主会场、厦门岛分会场）：联合国际艺术资源，举办国际艺术博览会。主会场位于鼓浪屿国际艺术展示交易馆带，遵循少而精的原则，分会

鼓浪屿音乐会示意

国际艺术博览会示意

场设在厦门岛内会展场所，带动地方资源参与并促进打开国际市场。

（三）艺术节辅助计划

辅助计划的总体目标为：营造鼓浪屿文化艺术生态，促进鼓浪屿人文精神提升；配合鼓浪屿申遗工作；配合厦门国际艺术节组织工作。

艺术生态保护计划：这项计划具有双重性质，一方面指艺术介入人文生态、历史遗存、城区生活的维护工作，另一方面指介入的同时，发掘、整合现有人文元素与文化传承进而引发、构建并完善有地区特色的艺术生态。以资源整合、限控方针、生态重建为主要方式。

艺术持续发展计划：助力鼓浪屿人文艺术在艺术节高点带动下的长期、持续、深入的发展计划。以引入机构、常设项目、更新工作为主要方式。

节前活动原则性计划：为有效促进当届艺术节主题的深入推广而组织的前期联动性活动而制定的原则性计划。以专项调研计划、大众推广计划为主要途径。

四、“流动”的美术馆

（一）行走的变换

构建分时段“行走”于鼓浪屿的“流动美术馆”。流动美术馆是指以美术馆的形式进行活动互动与展示，但不固定选址于某处，而是分时段调研展示所“行至”的街道、片区的特征，因而在不同时间具有不同的形象与身份，并有户外互动形式、室内陈列形式、集合声音形式、重叠空间形式等多种形式。流动美术馆在同一时空中只有一个，只是不同时间在不同地方以不同主题面貌出现，以不同艺术形式展示，以彩线串珍珠的方式“行走”过整座岛屿，呼应生活、旅行、工作于此的人们的文化热爱与文化期待，绽放鼓浪屿精彩的历史文化与艺术生活。流动美术馆在行走过程中将会以艺术形式的叠加，勾画出这座岛屿独有的人文风貌、市井精彩，活化社区历史生活，发挥这座岛屿的文化自觉，从而带动鼓浪屿文化艺术生活的自主性内涵提升。

（二）创新型城区文化生活互动展示

流动美术馆旨在创造城区文化生活互动展示的首个创新型案例。流动美术馆在开启互动展示模式的同时，其“行走”过程也将完成一场润物细无声的对于地方文化自觉与艺术城区生活发展的专项调研，以深度浸入文化生活的心态，产生更为深远的意义。

五、“生长”的虚拟社区

（一）关切的生长

网络技术在普及的同时在更为迅猛地延展出层出不穷的新的可能性。大数据分析、社交网络、物联网、智能对象都在渗入我们的意识和行为方式，进而改变着我们的行动和生活。然而，岛屿上原住民的减少和新增人员的复杂，使得社区的意识在退化，对这座岛屿的关切也日渐分裂为各自的回忆和营生。因而，我们在这里构想的虚拟社区，并不仅仅是对现实互联的技术上的增强，它意味虚拟技术也可以促生的对人群内心的凝聚力，意味着一种关切的生长。

这种初衷来源于岛屿空间的有限性和人们对这座岛屿的关切的无所适从和期待共鸣。岛屿的现实空间毕竟有限，地域的限制，使得诸多关注岛屿发展的人士并非都有机缘参与进岛屿的文化建设之中，或是遥遥相望，或是匆匆而过，虚拟社区提供的是大空间概念的开放，给予所有关切鼓浪屿的人们以社区居民的归属感和使命感，人们可以有自己的虚拟社区身份，达成互动圈层，以或大或小或长或短的持续性参与共建，让真诚的关切得以生长蔓延，在我们看来，这是对关心热爱鼓浪屿的人们的最好的信任与回报。

（二）创新型虚拟圈层互动培育

为此，虚拟社区一方面提供对文化生态的虚拟科技支持，艺术与虚拟科技在这里更多被应用于创造新的社区个体关联形式、新的群体共建形式、新的传播参与路径；另一方面，虚拟社区在资源整合上呈现出广泛关联性、专项针对性和综合的跨领域联合的有效性，并在这个过程中，以对个体、群组、岛屿的重视，通过活动的发布、讨论、观察、延展等举措，分阶段制定生长的机制，培育圈层互动的土壤，实现因地制宜的自我生长，让更多的可能性在一个整体的平衡中不断被激发。它同时也是对岛屿文化生活与生态的展示平台，以期增进理解、凝聚共识，产生更为深远的社会意义。

第三节 先锋性的空间

鼓浪屿在地理的相对封闭性和文化的多元开放性的戏剧性的天作之合下，所彰显出的文化核心价值正是它在文化上自省自觉的超级聚散力，以及以此为根基生发的历史维度的国际性、区域维度的城邦性、物质维度的独立性、文化维度的艺术性、产业维度的游居性、政策维度的探索性与传播维度的诗意性。

行文至此，我们看到，这种文化艺术上自省自觉的超级聚散力，已然不限于文化艺术圈层。尽管鼓浪屿在历史的诸多维度上的先锋性是那么具体，然而，我们在这里所要言说的，恰恰是这座岛屿通过自身的关系美学，在不同时代发挥的内在影响，它号召着人们与之对话。山海共在、华洋共荣、雅俗共生、虚实共存，鼓浪屿呈现出的多样性与复合模式就在这种对话之间获取了意义。这里的先锋性，包含着这样一种可能性，它不仅在证实某些颠覆的存在，也在创造执着生长的可能，与其说它源自于城市样式朝向文化现象总体的延伸，不如说它更多是一种特殊的社会性的生产之所。这里所生产的不是一连串信息提示造就的错觉，而是使每个被注入了内心空间的对象都变成了整个空间的中心。内心空间——是先锋性真正的生存土壤——有着人们内心萌生的向往和愿意为此付出的决意。文化艺术正是因为能够成为通达和激荡起人们内心空间的最为合适的关联而存在，文化艺术的复合型发展如此，艺术人文类城邦亦是如此，可能性构建不是无中生有的虚幻空间，而是使生活与驻留于此的人们，与历史、现在、未来产生情感共享的连通的力量。

因而在这个意义上，与其说我们在研究什么，其实我们只是在展开一种梦想，借由的是如此诸多，指向的却是那么单一——把理解、关切和实践聚集到这座岛屿周围，聚集到这座岛屿之内，号召人们与之对话，意识到我们生活于此。

本书文献图片引用书目

1、第 21 页图，第 29 页图：《20 世纪 20 年代在厦门岛上远眺鼓浪屿和鹭江》，出自：《大航海时代与鼓浪屿——西洋古文献及影像精选》，鼓浪屿申报世界文化遗产系列丛书编委会编辑，文物出版社，北京，2013 年 9 月第 1 版。

2、第 23 页图：《1925 年鼓浪屿－厦门全景》、《1900 年间的鼓浪屿－厦门》，第 24 页图：《1925 年间拍摄的鼓浪屿龙头路》，第 25 页图：《1938 年间，义务为难民学校教学的英国人老安德森与鼓浪屿难民营儿童合影》，第 32 页图，第 33 页图：《20 世纪 30 年代初从日光岩俯瞰升旗山一带》、《19 世纪末鼓浪屿海岸线》，第 36 页图：《19 世纪 80 年代鼓浪屿三丘田一带》，第 41 页图，第 52 页图：《20 世纪初已成为英、美、德、法、日等国公共地界的鼓浪屿》，第 57 页图，第 60 页图，第 61 页图，第 103 页图，第 110 页图，第 111 页图，第 133 页图，第 135 页图，第 138 页图，第 151 页图：《20 世纪 30 年代初拍摄的鼓浪屿怀德幼稚园》，出自：《画说厦门——回眸城市童年》，厦门市建设与管理局、厦门市城市建设档案馆编，福建美术出版社，福州，2009 年 7 月第一版。

3、第 22 页图：《1868 年鼓浪屿岩仔山脚大厝》，第 42 页图：《1915 年鼓浪屿日光岩寺》，第 131 页图：《20 世纪 10 年代英国驻厦门领事馆》，出自：《爱上厦门迷摄影》，高振碧著，电子工业出版社，北京，2013 年 1 月第 1 次印刷。

4、第 24 页图：《1932 年鼓浪屿上的小姐与洋女友在码头惜别》、《20 世纪 30 年代，鼓浪屿的贵小姐乘轿上岸》，第 25 页图：《基督教上的丧仪上披麻裹白，中西结合》，第 36 页图：《鼓浪屿不准机动车行驶，板车是重要的运输工具》，第 47 页图：《古希腊柱式》、《中国太极与古希腊柱式相结合》、《双麒麟双松鼠柱式》，第 137 图：《摄于 20 世纪 70 年代的汇丰公馆》、《汇丰银行公馆－鼓新路 57 号》，第 140 页图：《延平戏院的广告》，第 141 页图：《延平戏院的台阶》，出自：《到鼓浪屿看老别墅》，龚洁著，湖北美术出版社，武汉，2002 年 7 月第 1 版，2014 年 8 月第 10 次印刷。

责任编辑　　章腊梅
特邀编辑　　包　茜　夏　兴
装帧设计　　邵　琳
责任校对　　朱　奇
责任印制　　毛　翠

图书在版编目（CIP）数据

鼓浪屿文化振兴发展构想 / 吴美纯主编 . -- 杭州 : 中国美术学院出版社，2016.8
ISBN 978-7-5503-1176-3

Ⅰ. ①鼓… Ⅱ. ①吴… Ⅲ. ①文化发展－研究－厦门 Ⅳ. ① G127.573

中国版本图书馆 CIP 数据核字 (2016) 第 190180 号

鼓浪屿文化振兴发展构想
吴美纯 主编

出 品 人 ：祝平凡
出版发行 ：中国美术学院出版社
地　　址 ：中国·杭州南山路 218 号　邮政编码 ：310002
网　　址 ：http:// www.caapress.com
经　　销 ：全国新华书店
制版印刷 ：杭州恒力通印务有限公司
版　　次 ：2017 年 1 月第 1 版
印　　次 ：2017 年 1 月第 1 次印刷
印　　张 ：14
开　　本 ：889mm×1194mm 1/16
字　　数 ：80 千
图　　数 ：275 幅
印　　数 ：001-600
书　　号 ：ISBN　978-7-5503-1176-3
定　　价 ：118.00 元